人民德育
PEOPLE'S MORAL EDUCATION

U0854589

丛 书
型教材

周 星 袁 成◎主 编

任晟姝 刘沁玥
唐 莹 李祺薇◎副主编

青少年
影视德育通识教程

QINSHAONIAN
YINGSHI DEYU
TONGSHI JIAOCHENG

北京师范大学出版集团
BEIJING NORMAL UNIVERSITY PUBLISHING GROUP
北京师范大学出版社

图书在版编目（CIP）数据

青少年影视德育通识教程 / 周星，袁成主编．—北京：北京师范大学出版社，2021.4
（影视艺术与传媒应用型教材）
ISBN 978-7-303-26802-3

Ⅰ.①青… Ⅱ.①周… ②袁… Ⅲ.①青少年教育－德育－教材 Ⅳ.① G41

中国版本图书馆 CIP 数据核字 (2021) 第 024571 号

营 销 中 心 电 话　010-58807651
北师大出版社高等教育分社微信公众号　新外大街拾玖号

QINGSHAONIAN YINGSHI DEYU TONGSHI JIAOCHENG
出版发行：北京师范大学出版社　www.bnup.com
北京市西城区新街口外大街 12-3 号
邮政编码：100088
印　刷：鸿博昊天科技有限公司
经　销：全国新华书店
开　本：787 mm × 1092 mm　1/16
印　张：12
字　数：200 千字
版　次：2021 年 4 月第 1 版
印　次：2021 年 4 月第 1 次印刷
定　价：45.00 元

策划编辑：周　粟　　责任编辑：陈佳宵
美术编辑：李向昕　　装帧设计：李向昕
责任校对：段立超　王致远　　责任印制：马　洁

版权所有　侵权必究

反盗版、侵权举报电话：010-58800697
北京读者服务部电话：010-58808104
外埠邮购电话：010-58808083
本书如有印装质量问题，请与印制管理部联系调换。
印制管理部电话：010-58805079

2019年度国家社会科学基金“十三五”规划教育学重点课题项目“中小学艺术教育改革研究”（项目编号：ALA190017）的阶段性研究成果。

2018年度国家社会科学基金艺术学重大课题项目“中国电影学派理论体系构建研究”（项目编号：18ZD14）之子课题“面向新时代的中国电影教育体制研究”的阶段性成果。

内容简介

本书以2018年11月教育部、中共中央宣传部联合印发的《关于加强中小学影视教育的指导意见》为指导，参考教育部、中共中央宣传部推荐影片，甄选了33部影片，将影片按年级类型进行了分级分类，并将每部影片以课堂教学、主题活动等教学形式设计相关的课程或主题活动，形成教案。本书将影片与青少年德育、青少年美育相结合，同时与中小学部分学科进行统整，并由影视专家学术团队提供了专业的影评指导，旨在协助教师进行影视课程的校本课程设计，以帮助青少年更加深刻地理解影片的意义，养成良好的心理品质和行为习惯，形成正确的世界观、人生观、价值观。

主编简介

周星，北京师范大学艺术与传媒学院原院长，二级教授，博士生导师，北京师范大学艺术教育研究中心主任，国家级重点教学试验示范中心“传媒与艺术实验中心”主任，北京师范大学亚洲与华语电影研究中心主任，北京师范大学学位委员暨艺术学学位委员会主席，国务院学位委员会5–6届艺术学科评议组成员，教育部高校戏剧与影视学类专业教学指导委员会主任，全国艺术专业学位研究生教育指导委员会副主任，教育部艺术教育委员会委员，国家电影审查委员，中国成人教育协会艺术教育专业委员会理事长，宝钢优秀教师特等奖提名奖获得者，中国高校影视学会副会长兼影视教育委员会理事长，中国电影评论学会副会长，中国艺术学理论学会副会长，中国高教学会美育研究会常务副会长，中国电视艺术家协会高校电视艺术委员会副主任，中国电影家协会理论评论委员会副主任，中国文艺评论家协会视听委员会副主任，中国电影家协会微电影专业委员会副主任，全国美育联盟理事长，中国台港电影研究会香港电影工作委员会会长。

袁成，人民网·人民数据人民德育数据中心主任，全国德育工作专家，北京电影学院理事，在全国推动建设人民德育实验学校、人民德育百强区县、人民德育心理健康中心等德育工作的开展，主导拍摄电影《十八岁，十八天》等影视作品。

序言　以德育人与以美化人的追求

本书以贯彻德育原则为宗旨，通过对影视作品的鉴赏来实现以德育人的目标，是一本开创性地、有助于明确青少年影视教育方向的影视鉴赏教材。

以德育人是育人之本。青少年德育是对青少年学生进行思想、政治、道德和心理品质的教育。思想教育是帮助学生形成一定的世界观、人生观的教育；政治教育是帮助学生形成一定的政治观念、信念和政治信仰的教育；道德教育即促进学生道德发展的教育。可以说，我国的德育是一种涵盖整个社会意识形态的“大德育”。在青少年的德育教育中，艺术的德育功能是其他学科所不可替代的。

以美化人是培养和发展人的道德品质的重要手段。人用艺术来创造更超拔的精神天地，来实现对人的精神和灵魂的全面锻造。以美化人和以德育人都是助人完善自身、实现全面成长，以美化人最终的理想，与以德育人的教育目标是和谐统一的。影视艺术和音乐、美术、戏剧等艺术形式一样，都是人的精神和情感的延伸，而影视作品在当下更容易被人们接受。因为作为传媒时代最受关注的艺术形式，影视艺术集美术、音乐、文学等艺术形式于一身，是时间艺术与空间艺术的有机综合，有着多手段、多方式的表现力。影视艺术改变了信息存在的方式，扩大了人们的视野，也潜移默化地改变着人们的生活方式和思维习惯，影响着人们看待世界的方式。

青少年正处在人生观、价值观形成的关键期，观看影视作品是青少年重要的休闲娱乐活动，影视作品中传递的信息对他们的影响很大。以德育人、以美化人，这一育人目标决定了我们在教程内容的选取上，以德育作为选取影像作品的考量标准，以德育的角度来对影像作品的内容进行剖析，以美好的影像艺术来感染人、陶冶精神。让青少年通过这些作品理解真、善、美，受到真的启迪、善的涵养、美的熏陶，这就是本书的目标。

周星　袁成

2021. 3. 6

目录

第一章 影像中国梦

第二章 聚焦新时代

第三章 多元影像美学

1

第一章

影像中国梦

第一节　鸦片战争

影视教育课程教案	
电影名称	《鸦片战争》
课程类型	影视整合课——德育和美育
课程主题	价值理念：爱国、信念、责任 个性发展：勇敢、尊严
教学手段	影片分析、课堂讨论
课程目标	1. 回顾历史，通过影片的历史叙述与人物塑造，培养学生全面、客观分析历史事件的能力，唤起历史责任感，树立正确的价值观； 2. 引导学生将影片放在特定的客观条件下进行分析，比较不同影片的细节处理方式、导演意图，由此获得更深刻的理解。
课程准备	观赏电影《鸦片战争》
使用对象	初中 1 ~ 3 年级
影片介绍	道光十九年六月三日，林则徐在虎门海滩指挥销烟，百姓拍手称快。英国商人用此事大做文章，装备精良的英军从珠江口直下塘沽，对华宣战。软弱无能的道光皇帝不派兵应战，反而将危机归咎于林则徐，将他撤职，又任命直隶总督琦善为钦差大臣前去与英方讲和，酿成丧权辱国的历史悲剧。
教学重点	通过分析影片对历史事件的呈现，指导学生理解历史规律。

<table>
<tr><td>教学难点</td><td>1. 分析影片内涵与导演处理方式，理解导演如何通过电影表达态度与观念。
2. 将真实历史与本片的情节对照，分析真实性与艺术性的辩证关系。</td></tr>
<tr><td>教学步骤</td><td>一、导入
鸦片战争是中国近代史的开端，更是中国历史上极为重要的一个篇章。自清朝闭关锁国起，中国的发展水平和进步势头就逐步落后于世界大潮，但贸易却一直处于顺差地位。为了扭转对华贸易逆差，英国开始向中国走私鸦片，以牟取暴利，对中国社会、国人身心造成了严重的危害。
1838 年冬，林则徐受命钦差大臣，入广州禁烟。他到任后整肃官商，查缴鸦片两万余箱，并于虎门悉数销毁。为打开中国市场大门，英国政府以此为借口，派出远征军侵华，英国国会也通过了对华战争的拨款案。鸦片战争由此开始。本片讲述的就是这段历史。
电影中，英国源源不断的鸦片输入令道光皇帝感到江山岌岌可危，尽管内心软弱害怕列强，他还是下诏委派湖广总督林则徐为钦差大臣前往广州禁烟。腐败官吏与英国商人的勾结将鸦片贸易变得错综复杂，林则徐的禁烟行动从一开始就面临重重困难，英国商人一面假装听命林则徐，一面策划更大的阴谋。复杂的故事由此展开。
➢ 请同学们带着如下三个问题，认真观看影片：
1）从电影故事情节的发展和冲突看，道光皇帝关于鸦片战争有哪些作为？这说明了什么？
2）电影对事件的主要参与者林则徐、琦善、英国侵略者，进行了怎样的人物塑造？这与以往同类电影有何不同？
3）影片用 8 分钟的时间复现了英国议员关于“是否交出鸦片”的辩论场面，导演为何如此处理这一场面？

二、影片回顾及讨论
看完这部电影，相信大家已经在脑海里勾勒出这场战争的主要脉络了。其实我们设置观影前的三个问题，就是为了让大家更好地理解这场战争的前因后果。

➢ 全班以小组为单位，分析讨论以下问题。
1. 从电影中故事情节的发展和冲突看，道光皇帝在鸦片战争前后有哪些作为？说明了什么？</td></tr>
</table>

教学步骤	影片中的道光皇帝首先决心查禁鸦片以整顿朝纲，任命林则徐为钦差大臣赴广州禁烟。虎门销烟之后，林则徐下令驱逐英国人。 英商回国后，要求政府出兵中国，以武力打开中国市场的大门。清军不敌英军，道光皇帝为求妥协自保撤除林则徐的职务，将其发配新疆，最终，清政府签下《南京条约》，将香港岛割让给英国。 以上道光皇帝态度的转变，既说明了清政府的软弱无能，也展现出了清朝末年政局衰落及清政府无力回天的悲凉。道光皇帝违背初衷，与侵略者签下丧权辱国的条约。这一切都说明弱国无外交。 2. 电影对事件的主要参与者：林则徐、琦善、英国侵略者进行了怎样的人物塑造？这与以往同类电影有何不同？ 影片中的人物塑造得十分丰满： 林则徐是一位有胆识、有魄力的忠臣。“忠”成为林则徐的关键字。而林则徐可谓成也“忠”，败也“忠”，影片将其刻画得入木三分。 另外一位重要的人物是琦善，影片将他刻画成一位睿智、忠心耿耿的老臣。琦善和其代表的“主和派”不再是刻板的反面形象，他们虽然行了丧权辱国之实，却也是源于现实的不得已而为之。 影片对英国人的描绘也是如此。作为侵略的一方，英国人不再是碧眼红发的刻板形象。英女王机敏果决，英国商人狡黠贪利，英国少女真挚善良，英国军人直率而近乎鲁莽，英国议员理性且雄辩。全片尽量用较为公正客观的刻画还原历史的原貌。 3. 影片用 8 分钟的时间复现了英国议员关于“是否交出鸦片”的辩论场面，导演为何如此处理这一场面？ 影片尽量还原了相关情景，英国议会的辩论戏就是其中之一。影片细致地再现了英国议员如何在议会上民主表决是否对中国出兵，以及以义律为代表的商人阶层对战争决策的影响，说明了历史形成的复杂性，也刻画了英

教学步骤	国社会的群像。  **三、影片分析** 在《鸦片战争》这部电影中，根据剧情需要，一部分画面的构图设计倾向平衡、和谐。例如林则徐觐见道光皇帝一场，书房的场景布置是中心对称的，既体现了皇权的威严，又暗示着即将开始的严肃的对话气氛及其对清朝命运的决定性意义。  另一些画面构图刻意制造不平衡，暗示着戏剧性的冲突。林则徐的官印被随从护送上岸，当地的官员并不知情；在迎接的画面中，官印被置于画面的左侧，缩小了面积，但其分量却被当地官员的小心谨慎反衬得恰到好处。林则徐坚定的禁烟决心随之凸显。 

教学步骤	事实上，电影中的多种构图技巧都可以实现情绪与意义的传达。导演一般会指引观众视线到对比最强的区域，之后，我们的眼睛会注意到对比次强的区域。依旧是码头迎接这场戏，我们先注意到醒目的黄色官印盖布，之后会注意到官员们毕恭毕敬的仪态，足以看出官员们对林则徐本人很敬畏，但对未来的禁烟运动心怀强烈的不确定感，忐忑不安。 电影镜头还强调光线、色彩、场面调度等的共同作用，以形成完整的构图和实现内容传达。我们将在接下来的其他影片分享中与大家探索其中的奥秘。 《鸦片战争》这部影片生动而沉稳地展现了一个残酷的事实：鸦片战争是一场关于主权和尊严的战争，更是一场思想和文明的冲突。只有正视自身，正视历史，古老的中国才能取得进步，中华民族才能重新屹立于世界民族之林。

专家点评

一、影片主旨

电影上映于 1997 年，在香港回归之际重拾历史记忆，从大历史的角度反思历史悲剧的深层原因。其创作团队、合作模式、资金投入等都是 20 世纪 90 年代中国历史题材电影的顶级配置。导演谢晋对本片的期许是："我想拍一部能把这段历史准确地反映出来的影片，而不是教科书或报告文学式的影片。"著名电影学者罗艺军先生对影片的评价是："以科学冷静的态度反思历史，反思中西方文明第一次猛烈的冲撞，《鸦片战争》为这段历史提供了新视角。"

二、艺术特色

1. 历史悲剧的真实维度

影片正视历史，在查阅上百万字历史资料的基础上对事件进行适度的戏剧化改编，以叙事蒙太奇的手法构建了更为真实的历史悲剧。清政府与英国政府各种力量的相互制衡与角逐，在片中得以清晰呈现。人物不再停留在以往非黑即白的脸谱化形象上，一心救国的林则徐有着愚忠的人格局限，历史罪人琦善亦有不得已之处。

2. 隐喻与象征

电影语法赋予视觉形象更深层的意义，也表达了作者的态度。几次出现的狮子象征着中华民族，道光皇帝身后懵懂昏睡的小皇子象征着软弱无能的清政府，英国议会讨论时被打碎在地的瓷瓶象征着列强眼中中国的国力，破损的地球仪交付于琦善手中，隐喻着清政府开放之不可期……

三、启发与思考

一个民族如何看待自己的历史、如何讲述自己的历史，从来都是至关重要的命题。本片最难能可贵之处就是以大历史为重，并不过度放大以往同类影片中的英雄形象，也未将历史过度悲情化，而是冷静地呈现鸦片战争爆发的原因与带来的教训。

（1）国家实力与国家安危、百姓生活息息相关。国力不强，纵有关天培的忠肝义胆，也在五个时辰之内就战败了。

（2）政权的文明与开放程度、官僚体系运转的规则，是决定国家发展的必要条件。道光皇帝、林则徐、琦善，乃至何善之、蓉儿……没有一个国人愿意看到自己的祖国割地赔款、主权沦丧，但对于昏聩的政权、软弱的决策者、万事唯上只求自保的官员，虎门销烟的震慑只能是昙花一现，“林则徐们”只能眼睁睁看着祖国被蚕食。

（3）只有国力强盛，政治清明，仁人志士的韬略、勇气方能真正地推动救亡图存。也正如影片题记所言：“只有当一个民族真正站起来的时候，才能正视和反思她曾经屈辱的历史。”

第二节　鸡毛信

影视教育课程教案	
电影名称	《鸡毛信》
课程类型	影视整合课——美育和德育
课程主题	价值理念：爱国 个性发展：勇敢、机智
教学手段	影片分析一分享讨论
课程目标	1. 通过影片赏析，学习海娃沉着机智、勇敢坚强的品质和爱国主义精神，分析人物的思想品质。 2. 引导学生充分理解影片，理解人物的性格特征及心理活动，明确引起情节变化的主要线索。
课程准备	观看电影《鸡毛信》
适用对象	小学 3 ~ 5 年级
影片介绍	抗日战争时期，华北根据地龙门村有赵姓父子两人，父亲是民兵队中队长，12 岁的儿子海娃则是儿童团团长。某天，赵父让海娃给八路军送一封有关攻打日军炮楼的鸡毛信，海娃装扮成放羊娃赶着一群羊携信上路。途中，海娃遇到敌人，急中生智把信藏在绵羊的尾巴之下。海娃被迫为敌人带路，晚上趁敌人

<table>
<tr><td>影片介绍</td><td>熟睡取信逃跑。鸡毛信在逃跑过程中一度得而复失、失而复得，海娃也再落敌人之手，这回，聪明勇敢的他将敌人引上了歧途，当敌人发现上当时，八路军也已赶到。</td></tr>
<tr><td>教学重点</td><td>学习分析解读影片，理解导演的表达，感受影片传递的精神。</td></tr>
<tr><td>教学难点</td><td>借助影片立意，培养学生勇敢坚强的品质；
通过分析影片，理解影片的内涵与导演的处理手法。</td></tr>
<tr><td>教学步骤</td><td>

一、导入

什么是鸡毛信？为什么电影的名字是《鸡毛信》呢？

鸡毛信是抗日战争时期华北地区军民创造的一种特殊的邮件形式。将需要快速传递的公文、信件插上鸡毛作为标志，让送信人和收信人明确它的紧急性和重要性。

影片围绕着鸡毛信会发生怎样的故事呢？电影中的主人公有哪些经历，在这个过程中他是如何克服困难的？请带着以上问题，认真观看影片。

二、观后感

1. 影片分析

1）电影中的主人公都有哪些经历，在这个过程中他是如何克服困难的？

<table>
<tr><th>送信所遇困难</th><th>如何应对</th></tr>
<tr><td>遇到敌人</td><td>巧妙藏信</td></tr>
<tr><td>威逼搜身</td><td>机智回答</td></tr>
<tr><td>夜逃被抓</td><td>重新藏信</td></tr>
<tr><td>被逼带路</td><td>诱敌深入</td></tr>
<tr><td>不幸负伤</td><td>忍痛报信</td></tr>
</table>

</td></tr>
</table>

<table>
<tr>
<td>教学步骤</td>
<td>
2）影片是如何呈现《鸡毛信》故事的？
影片以海娃送鸡毛信作为全片的主要线索，结构单纯，情节曲折，片头字幕像一本连环画，一页一页揭过，使观众感到像翻看连环画一样亲切。每一片段的开头，也模仿连环画的说明附上字幕，对背景、环境、人物心情做出说明，用生动诙谐的旁白来吸引观众的注意力。
3）说说影片的风格与人物特点。
影片的主人公是一个十二岁的孩子，因此具有孩子的个性特点。在送信途中遇敌，海娃把信藏在了老绵羊的尾巴下面，这一情节设计富有趣味，非常巧妙地发展了情节。在另一个情节中，海娃乘敌不备，拿着信向山顶跑去，却把信丢在了路上，这类疏忽发生在一个孩子身上合乎情理，正符合儿童的年龄特点。这样的安排，非但没有削弱海娃的小英雄形象，反而使这个形象更加真实、自然、可信。
2. 分享讨论
1）影片中令你印象最深刻的内容是哪些？为什么？
让我最难忘的是当海娃在战火硝烟中被误击，依然用手紧紧握着信坚强地爬到张连长身边，亲手将信递给他。看到这里，我不禁感动。影片中海娃那一双机灵的眼睛，不仅时常传递出机智，而且让我感受到海娃的勇敢，海娃不仅是一个山里的放羊娃，还是一名勇敢的八路军。

2）抗日战争中出现了无数和海娃一样的少年英雄，可以列举出你所知道的抗日小英雄吗？
张嘎：抗日战争时期，生活在冀中白洋淀的小男孩张嘎与奶奶相依为命。为了掩护在他家养伤的八路军侦察连连长钟亮，奶奶英勇地牺牲在日军的刺刀下，而钟亮也被敌人抓走了。为替奶奶报仇和救出老钟叔（钟亮），嘎子历经艰辛，找到了八路军，当上了一名小侦察员……
雨来：抗日战争时期，晋察冀边区的北部有一个小村庄叫芦花村，12 岁的
</td>
</tr>
</table>

	 雨来就住在这个村子。雨来喜欢游泳，他的游泳本领可高了。后来雨来上了夜校，在夜校里他知道了：“我们是中国人，我们爱自己的祖国”这句朴实的话语。秋天，鬼子又开始扫荡。雨来为了掩护李大叔，面对敌人的引诱和严刑拷打，坚强不屈，把敌人气得暴跳如雷。敌人走后，乡亲们以为雨来被鬼子打死在河里了，含着泪沿着河沿寻找雨来，这时雨来突然露出了脑袋，大家高兴地叫起来。 
课后活动	以“致敬抗日战争时期的小英雄”或者“生活在当今的我们，如何在平凡的小事中实现自己的价值、绽放自己的光芒”等为主题作文。

专家点评

作为中华人民共和国成立后第一部反映中国少年儿童在抗日战争时期的对敌斗争的儿童影片，《鸡毛信》严格遵守“三一律”的创作原则，是一部观赏性和批判性俱佳的现实主义之作。

“三一律”的戏剧结构为剧情的紧凑性和趣味性提供了基础。“三一律”即故事发生的时间、地点和情节三者保持一致。要赶在敌人扫荡结束前捣毁敌人兵力薄弱的炮楼，此为时间的有限性；海娃怀揣着画有地图的鸡毛信前往邻村找张连长，此为地点的集中性；不巧路遇日寇，海娃在与其周旋的过程中机智逃脱，将情报送出并协助八路军一举歼灭日寇，此为情节的统一性。

现实主义创作原则是很长一段时期最动人的电影美学特征。现实主义在人类社会文艺发展史中一直享有盛誉，法国社会的“书记员”巴尔扎克揭示了现实主义的特点：通过真实的典型人物和典型环境来再现时代的整体面貌，即典型化原则。作为儿童团团长的海娃体现了抗日战争年代典型的“小八路”形象，海娃嫉恶如仇，善良勇敢，利用自己的胆识与敌人周旋，并将重要情报及时传递给八路军，是当之无愧的小英雄。

生活在当今的我们，如何在平凡的小事中实现自己的价值、绽放自己的光芒呢？

第三节　智取威虎山

影视教育课程教案	
电影名称	《智取威虎山》
课程类型	影视整合课——德育和美育
课程主题	价值理念：爱国 个性发展：勇敢、协作、机智 艺术技能：鉴赏与分析能力
教学手段	分享讨论—影片分析—讨论
课程目标	1. 通过了解《智取威虎山》的故事情节，感受杨子荣的革命精神、爱国情怀； 2. 通过撰写观后感，提升学员的影片鉴赏能力、写作能力。
课程准备	观赏电影《智取威虎山》
使用对象	小学 4 ～ 6 年级 初中 1 ～ 3 年级
影片介绍	1947 年冬，东北民主联军 203 小分队在首长少剑波的带领下，奉上级命令进入匪患猖獗的林海雪原保护百姓安全，侦察员杨子荣与卫生员白茹火线驰援。为彻底瓦解土匪势力，杨子荣执意请求乔装潜入匪窝“威虎山”。历经了土匪重重“考验”的杨子荣因献宝有功，被匪首座山雕封为“威虎山老九”。杨子

影片介绍	荣一面与“八大金刚”周旋，一面涉险为山下战友传出情报，而山寨中的一名神秘女子却屡屡令他陷于生死绝境。被 203 小分队生擒的土匪联络副官栾平趁乱逃脱，竟出现在威虎寨中与杨子荣当面对质。在座山雕寿辰“百鸡宴”上，杨子荣与 203 小分队的战友们迎来了剿匪收网的最佳时机，一场鏖战在所难免。
教学重点和难点	讨论、分析影片的叙事手法、人物刻画，引出观影后的真情实感。
教学步骤	**一、导入** 一场战斗、一本小说、一台戏剧、一部电影。“天王盖地虎，宝塔镇河妖”的台词曾经几乎人人知晓，与之相关的英雄故事，现在被拍成电影，电影将英雄的形象和传奇完美结合，呈现在我们面前。 ➢ 请结合影片，思考“智”取威虎山的成功因素。 1）同学 A：沉着、冷静。 2）同学 B：果敢、大胆。 3）同学 C：团结、信念。 **二、影片回顾及讨论** ➢ 全班以小组为单位，分析讨论以下问题。 1. 电影通过怎样的手法来进行叙事的? 故事结构：影片尊重原著《林海雪原》的剧情设置，以倒序叙事与线性叙事相结合的方式呈现故事情节。 倒序叙事：电影开场，现代都市生活中的一群留学生，在毕业聚会中无意点播了京剧样板戏《智取威虎山》，让姜磊回忆起爷爷曾对自己讲述的剿匪经历，以此为纽带将时隔 60 多年的两个不同时空联结。 线性叙事：影片按照智取威虎山小分队剿匪情节的时间线进行叙事，基本上遵循了原著的内容设置。线索清晰明确，角色冲突和对立关系突出，并在叙事过程中设置了环环紧扣的悬念和人物矛盾，在剧情发展的过程中将埋下的伏笔一一解开，节奏紧凑，营造出激烈的冲突焦点。 之所以通过倒叙叙事和线性叙事结构相结合的方式，一方面是通过后人的追忆，让这段历史更有意义，正是先辈们智勇双全、不惜一切的付出，才换来了今天年轻人的幸福生活，用过去和现在的对比让这段战争和战争中个人的付出更加有意义；另一方面是影片《智取威虎山》强化了故事的英雄色彩和传奇色彩，尤其是片尾炸飞机的一幕，被安置在回忆、听说的前提下，更易于为观众接受。

<table>
<tr>
<td>教学步骤</td>
<td>
2. 导演是通过哪些手段处理、呈现影片的?
1)镜头语言
影片中采用摇臂镜头拍摄威虎山全景,彰显陡立的峭壁、坚固的堡垒、险峻的山峰,让人印象深刻;小分队为开辟道路攀缘悬崖峭壁,给身处和平年代的观众以强烈的视觉震撼;威虎山正厅的长镜头中,总带有一些京剧舞台的感觉:对称的摆设,环形的人物站位,与戏曲舞台有异曲同工之妙;匪徒少有正面拍摄,多以侧面地展现其面目的狰狞与凶狠;座山雕以背影与侧影示人,充满神秘的阴险味道。

影片拍摄运用叙事蒙太奇和表现蒙太奇相结合的方式。多机位、多角度的拍摄土匪进攻夹皮沟,采用叙事蒙太奇的方式,快速又完整地展现了不同人物之间战斗的场面。影片在高波遭遇敌人暗算而牺牲的段落中,运用表现蒙太奇的手法呈现慢镜头特写,使观众有身临其境的感受。
2)人物细节处理
徐克导演的《智取威虎山》,对于人物的刻画可谓别具匠心,主要体现在正面人物杨子荣和反面人物座山雕的塑造融合了戏曲、动漫的一些元素,使人物形象有趣且丰满,充满了传奇色彩。
杨子荣:主角杨子荣本该是一个正气凛然、雄姿英发的军人形象。但影片通过三个视角刻画了杨子荣的“另类”:第一次,是少剑波对他的质疑,当看到这样一个莽汉时说道:“这个杨子荣吊儿郎当的,哪像个侦查员?”;第二次,流浪的栓子见到杨子荣,误以为他是土匪;第三次,初入夹皮沟村民家中,大娘一见他即吓晕过去。这些细节的刻画都反映出他的粗犷和匪气,增添了人物的真实感,也为其成为卧底进行了铺垫。影片用大量情节刻画杨子荣的人物性格:毅然决定孤身犯险,彰显出其突出的个性;“打虎上山”、威虎山沉着答对暗号表现其“勇”;“舌战栾平”“嫁祸老四”则突出其“智”,从多个角度展示了杨子荣的智勇双全。
</td>
</tr>
</table>

教学步骤	座山雕：座山雕是影片中头号反派角色，秃头鹰钩鼻的丑陋形象，直接暗示出他阴暗毒辣、猜忌多疑的性格。通过拍摄角度和声音渲染出人物的神秘感，八大金刚和小卒的畏惧衬托出他的凶狠。试探杨子荣时，苦肉计、攻心计接连不断，无一不体现出他的城府与心机；影片还通过他的口头禅“一个字”，展现出这位大反派的“可爱”，也在无形中使人物更加丰满。 3）人物语言 英雄剿匪的传奇故事，本身就带有浓郁的江湖气息。影片中土匪的“黑话”带有东北的乡音，这样的人物对白给影片带来了活跃的生命力。 影片中座山雕验证杨子荣身份时，出现了一段广为人知的经典对白： “天王盖地虎！”（大胆，你小子故意来闹事） “宝塔镇河妖！”（这样我摔河淹死） “么哈么哈？”（干什么的？） “正晌午时说话，谁也没有家！”（我从许大当家的山头来） “脸红什么？” “精神焕发！” “怎么又黄了？” “防冷涂的蜡！” 陌生化的对白辅以演员时而低沉时而高亢的嗓音，产生了别样的美感。脱口而出的快节奏对答，极具气场，真实地展现了土匪们的生猛刚硬。 **三、影片分析** ➢ 观看电影《智取威虎山》了解了影片内容，结合文学原著与同名样板戏来看一看，电影是如何向经典致敬的。 1. 影片故事的不同版本 1）《智取威虎山》故事来自曲波的长篇小说《林海雪原》； 2）20 世纪 60 年代上海京剧团、北京京剧团、北京人民艺术剧院相继将《林海雪原》改编成京剧版和话剧版的《智取威虎山》； 3）1960 年八一电影制片厂拍摄了影片《林海雪原》； 4）1967 年京剧《智取威虎山》被列为八个样板戏之一。 《智取威虎山》的故事几经改编，可谓是一代人心目中的经典之作。不同时期的改编版本，具备不同时期的美学、精神特质，但是杨子荣的经典形象及为革命和人民利益孤身冒险、上山剿匪的传奇故事却是故事的永恒魅力所在。 2. 人物形象 在八个样板戏中，最受观众欢迎的是两个角色：杨子荣与阿庆嫂。这两个人物身上都体现出一种复杂性。《沙家浜》中的阿庆嫂，作为茶馆的老板娘，

<table>
<tr><td>教学步骤</td><td>
八面玲珑，周旋于各类人物之间，为新四军收集重要情报。同样，杨子荣作为解放军侦查员，浑身却散发着草莽气息。他熟悉土匪的性格和黑话，打入敌人内部，在其面前表现出的暴戾、野蛮让人不禁有些诧异，可正是这些看似“非同寻常”的特点更赋予了人物真实的性格。
3. 影片语言
值得一提的是，电影中多次出现了同名戏曲作品中的经典台词，土匪和杨子荣的一问一答、一来一往之间充满浓浓的生猛与彪悍的气息。

四、观后感
➢ 根据以下问题进行小组讨论。
1. 影片中给你影响最深刻的场景、人物、对话有哪些？为什么？
例：影片中印象最深的片段是杨子荣进威虎山与土匪对黑话的那一段。这段台词耳熟能详，演员声音塑造铿锵有力，将人物的性格淋漓尽致地表现于肢体语言和台词上，那一句重复的“正晌午时说话，谁也没有家”，夸张的口气和吐字，听起来酣畅淋漓。
2. 请概括一下你的观影感觉。
例：看完电影后，我能想得到只有一个词，那就是“智勇双全”！影片中“打虎上山”的片段，杨子荣与虎搏斗的场景实在惊险。</td></tr>
<tr><td>课后活动</td><td>总结影片内容，由“观”获“感”，从不同的角度具体分析和评论这部电影。</td></tr>
</table>

专家点评

《智取威虎山》改编自曲波的小说《林海雪原》，讲述了 1947 年冬，为了从土匪手中夺取控制东北九岭上万先遣军的分布图，解放军骁勇善战的203小分队与在东北山林盘踞多年的土匪座山雕团伙斗智斗勇的故事。影片中侦查员杨子荣卧底潜入最大的匪山头“威虎山”，凭借其足智多谋获得了座山雕及其麾下八大金刚的赏识，被封为威虎山“老九”，自此一边与土匪多方周旋，一边为山下战友传递情报。被203小分队生擒的土匪联络员栾平趁乱逃脱，回到威虎山与杨子荣对峙，腹背受敌的杨子荣机智应对，最终与团队一起合力剿灭威虎山土匪。

影片在红色故事中加入导演徐克鲜明的个人色彩，对武侠类型、商业元素的灵活运用，使得这个传统的解放军卧底锄奸的故事愈发惊心动魄、荡气回肠。

影片情节跌宕起伏、节奏紧凑，杨子荣进入威虎山后，智斗的情节和场面此起彼伏，不仅小段落精彩，而且衔接紧密；毫无疑问杨子荣是被典型化和传奇化的重点塑造对象，而且影片中座山雕麾下的八大金刚的形象和特色也极其生动、鲜明。徐克作为擅长拍武侠片的著名导演，在影片的打斗和战争戏中都运用了其武侠电影惯用的动作和特效手法，雪地滑行、农村枪战、威虎山大战、飞机上打斗等场面不仅紧张刺激，而且极具节奏感和美感，而CG和3D技术的使用，也让打虎上山这出戏更加精彩纷呈。徐克凭借其鲜明的个人风格，重塑了此经典剧目，不仅让观众耳目一新，还让影片成为叫好又叫座的主旋律电影的代表，成为一部“思想性、艺术性、观赏性兼具的电影”。

第四节　国歌

影视教育课程教案	
电影名称	《国歌》
课程类型	影视整合课——美育和德育
课程主题	价值理念：爱国、奉献 个性发展：勇敢、尊严、协作、探究、坚毅
教学手段	情节分析——分享讨论
课程目标	1. 通过观影，更深入地了解相关历史，了解国歌的由来； 2. 了解电影创作手法，培养影片赏析能力。
课程准备	观看电影《国歌》
适用对象	初中 1 ~ 3 年级
影片介绍	1931 年“九一八事变”后，东北三省沦陷，正在上海积极从事抗日戏剧活动的田汉结识了东北流亡学生齐白山等人，并与这些热血青年成为朋友，共同投身抗日救亡运动。“一・二八”淞沪抗战期间，田汉深感戏剧舞台不足以表现抗日战争。在夏衍的鼓励下，田汉等人毅然拿起摄影机，以电影为武器，创作了一系列爱国影片，同时田汉与聂耳一起创作的爱国歌曲也不断问世。当他的朋友齐白山与义勇军伙伴相继为国捐躯的消息传来后，田汉在悲愤中为影片《风云儿女》写下了主题曲《义勇军进行曲》，鼓舞中国人民进行反侵略斗争。这首《义勇军进行曲》后来成为中华人民共和国国歌。
教学重点	了解田汉波澜壮阔的一生，感受整个战争年代的历史环境。

教学难点	分析创作手法及电影主题音乐，进一步理解电影创作。
教学步骤	**一、导入** 我们每个人都会唱国歌，然而，我们是否真的知道国歌《义勇军进行曲》的由来及内涵呢? 作为一个中国人，了解国歌背后的故事及国歌的内涵是十分有必要的，而《国歌》这部电影，恰恰能给我们一个很好的答案。 **二、情节分析** 1931年9月18日，日本在中国东北蓄意制造“九一八事变”，这场事变正是日本帝国主义侵华的开端。 “九一八事变”后，东北三省沦陷，正在上海积极从事抗日戏剧活动的田汉结识了东北流亡学生齐白山等人，并与这些热血青年成为朋友，共同投身抗日救亡运动。 “一·二八”淞沪抗战期间，田汉深感戏剧舞台不足以表现抗日战争，在夏衍的鼓励下，田汉等人毅然拿起摄影机，以电影为武器，创作了一系列爱国影片，同时，他创作的爱国歌曲也不断问世。 当他的朋友齐白山与义勇军伙伴相继为国捐躯的消息传来后，田汉在悲愤中为影片《风云儿女》写下了主题曲《义勇军进行曲》，鼓舞中国人民进行反侵略战争。《义勇军进行曲》后来成为中华人民共和国国歌。 《国歌》这部电影在表现个人事迹和国家命运两方面做到了极好的兼容。了解了田汉不同寻常的人生，便了解了国歌诞生的始末；了解了国歌的故事，也就了解了那段悲壮的历史。 **三、观后感** 1. 教师提问 看过电影，各位同学是否被电影中有关家国情怀的细腻展现所打动？是否觉得田汉不再是教科书上的那个名字？ 2. 小组讨论 （1）电影描述了艺术家田汉波澜壮阔的一生，同时以点带面勾勒出了那个年代的动荡局势。电影是如何将这两点巧妙结合的?

教学步骤	参考观点： 电影《国歌》突出的是爱国情怀，具体表现出来的则是艺术家田汉波澜壮阔的人生经历，且将个人经历与国家的动荡局势紧密结合。在对个体人物的讲述上，电影十分细腻，娓娓道来。主角田汉在民族危亡之际愿意为了千万人去冒险，在那个年代，拥有高尚品格的田汉，是战争时期千千万万爱国儿女的缩影。影片以点成线，以线成面，表现出了中华儿女的爱国情怀，将主题上升到了新高度。 （2）《国歌》中所使用的音乐在电影中起了什么作用? 参考观点： 电影是视听的艺术，是画面和声音的有机结合体。而声音在这部电影中，恰恰起到了至关重要的作用。 电影中的声音，一般分为人声（对白）、音响（效果声音）、音乐三大类。 专门为影片创作或选用现成音乐作品为影片编配的音乐叫作电影音乐。影片《国歌》中出现的电影音乐有《义勇军进行曲》等。 电影音乐在影片中所起的作用是多方面的，比如体现影片的主题思想、抒发感情、渲染气氛、推动剧情发展，等等。 回到影片，在其中一个片段里，田汉等人投身抗日救亡运动，不顾危险，毅然奔赴淞沪会战前线拍摄纪录片。在这个片段中，电影音乐充满了悲壮的感情色彩，将残酷的战场呈现在我们面前。  通过这样的音乐，我们不仅能感受到田汉等人投身抗日救亡宣传的坚毅内心，更对那些追求民族独立、抵抗日军侵略的先烈产生由衷的敬意。使“爱国情怀”这个电影主题在音乐的烘托中，更具感染力。 实际上，画面和音乐的节奏也是相辅相成的，壮烈的音乐配合缓慢移动的镜头强化了对战争气氛的渲染。 音乐会用它独特的艺术手段，在时代特征、意境、格调等方面，强化电影的风格。电影《国歌》中“进行曲”风格的音乐让我们想到战争年代、峥嵘岁月；室内交响乐的低沉又仿佛提醒我们不应忘记历史的兴衰荣辱。

<table>
<tr>
<td>教学步骤</td>
<td>
电影音乐和电影画面都是通过一定的时间延续来展示的，因此在影片放映的同一时空中，他们势必会以不同的形式结合在一起。一般分为音画同步和音画对位两种形式。
电影《国歌》中，比较显著的形式是音画同步，表现为音乐和画面紧密结合，换句话说，音乐情绪与画面情绪基本一致，音乐节奏与画面节奏完全吻合。音乐可以起到进一步强调画面所提供的视觉内容的作用，也能更好地烘托、渲染画面。
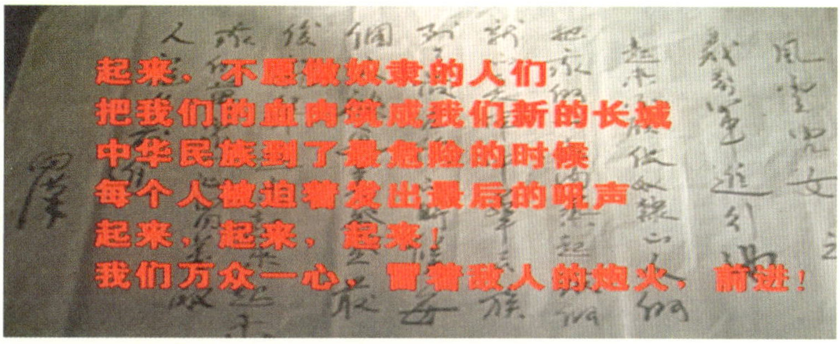

</td>
</tr>
<tr>
<td>课后活动</td>
<td>总结课堂讨论结果，每位学生写一篇观后感。</td>
</tr>
</table>

活动课教案设计	
活动背景	根据电影《国歌》开展德育活动
活动主题	价值理念：爱国、奉献 个性发展：勇敢、尊严、协作、探究、坚毅
活动手段	“小我与大我”辩论赛
活动目的	1. 通过观影，开展爱国主义教育； 2. 通过辩论，深入探讨“小我与大我”议题，培养学生正确的价值观与爱国情怀。
活动对象	小学 5 ~ 6 年级 初中 1 ~ 3 年级
活动准备	1. 观看影片《国歌》； 2. 熟悉辩论议题与活动流程。
活动过程	**一、活动背景** 电影《国歌》中，以田汉、聂耳为代表的一批中华儿女，在国家生死存亡之际，做出了舍小我、成大我的选择，用浓烈的爱国热情与强烈的民族责任感，以自己的血肉之躯，筑成中华民族“新的长城”，给人留下深刻印象。基于电影所传达的爱国情怀，引出“小我与大我”的讨论议题。 “是坚守小我，还是关照大我？是成全小我，还是成就大我？”这是摆在当代青年人面前的人生选择。当代青年是与新时代同行的一代，只有把人生理想融入国家和民族的事业中，拥有博大的家国情怀，才能成就壮丽的人生。爱国主义是中华民族的民族心、民族魂，培养社会主义的建设者和接班人，首先要培养学生的爱国情怀。 **二、辩论赛** 1. 议题：“小我与大我谁先谁后” 2. 甲方观点：大我先 3. 乙方观点：小我先 4. 辩论规则 1）形式：班级辩论、年级辩论、校园辩论； 2）正反方分别以 5 ~ 10 人组成一个小组； 3）以观众的初始投票与最终投票数量多少决定胜负。 5. 辩论流程

活动过程

辩论程序及用时规定			
顺序	程序	时间	备注
1	正方一辩发言	2分30秒	
2	反方一辩发言	2分30秒	
3	正方二辩选择反方二辩或三辩进行一对一攻辩	1分45秒	每个提问不超过15秒
4	反方二辩选择正方二辩或三辩进行一对一攻辩	1分45秒	每次回答不超过20秒
5	正方三辩选择反方二辩或三辩进行一对一攻辩	1分45秒	
6	反方三辩选择正方二辩或三辩进行一对一攻辩	1分45秒	
7	正方一辩进行攻辩小结	1分30秒	
8	反方一辩进行攻辩小结	1分30秒	
9	自由辩论（正方先开始）	8分钟（双方各4分钟）	
10	观众向正方提一个问题	回答时间不超过1分钟	除四辩外任意辩手回答
11	观众向反方提一个问题	回答时间不超过1分钟	同上
12	观众向正方提一个问题	回答时间不超过1分钟	同上
13	观众向反方提一个问题	回答时间不超过1分钟	同上
14	反方四辩总结陈词	3分钟	
15	正方四辩总结陈词	3分钟	

注：选择此议题的考虑是，不论正反哪一方获胜，“小我和大我”的辩证统一关系将更深刻地留在辩手与观众的心里。

活动过程	6. 辩论要求：正反方都要从电影相关内容中提炼观点、总结论据进行详细阐述。 参考观点： 1）定义："小我"往往指代个人，"大我"则指代国家；小我小在一蔬一饭，强调个人利益，大我大在全民族全社会，强调集体的共同利益。 2）关系：没有大我何来小我，没有国家何来人民，无数的小我汇集成大我，无数个体的付出铸就了现今的中国。 3）论证：拿电影《国歌》举例，在民族存亡之际，有千千万万个舍小我助大我的举动才有了现今的悠悠大国，小我本就是大我不可分割的一部分。
活动总结与反思	通过辩论赛这一"收集论据""拓展思维""表明立场"的过程，更深刻地审视议题的不同角度与不同维度；从而更清晰地辅助价值观的形成与建立。世界不是非黑即白，立场也不是非对即错。培养学生的爱国精神，除了耳濡目染、言传身教之外，电影＋辩论的形式也不失为一种有效的德育培养手段。

专家点评

1. 如何看待电影故事与历史真实之间的关系？

《国歌》是一部由真实历史事件改编的电影。故事发生在抗日战争时期，电影中的主要人物（如田汉、聂耳、袁牧之、夏衍等）都是在战争年代真正为国家做出贡献的艺术家。

电影呈现了《义勇军进行曲》的创作过程，故事情节的设置存在艺术上的虚构，并按照艺术创作的规律，赋予了真实历史以饱满的情感、充满戏剧性的冲突及假定的情景，在电影审美上体现了真实性与假定性的统一。《国歌》正是通过这种方式，使观众与故事产生情感共鸣，并引发观众的思考。

2. 电影在艺术表达上有什么特色？

《国歌》在艺术表达上有很多特色。一是通过"伪纪录片"资料的插入，还原了"一·二八"淞沪抗战残酷血腥的现场画面；二是影片突出了声音的叙事功能，结尾部分朝向监狱播放《义勇军进行曲》的段落，使国民党消极抗战与全国人民保卫家国的决心形成鲜明的对比，音乐升华了保卫家园这一精神主旨；三是"虚写"的艺术技巧，拓展了影片的意境。影片没有凸显一个日本人的形象，但是通过"扫射的飞机""日本军歌声""边界碑"等具体形象，将日本侵略者残暴狰狞的形象暴露无遗。"长城""标语”“人群”等具体形象，则表现了中国人民万众一心的爱国热情。

3. 我们如何看待战争?

《国歌》是一部反战电影，战争毁灭了我们的家园，创作者通过呈现战争的残酷，提醒我们要珍惜今天来之不易的和平岁月。我们要感谢在抗日战争中付出生命的伟大的中国人民，正是他们的爱国精神及努力抗争，才缔造了崭新的中华人民共和国。

第五节　建国大业

电影教育课程教案	
电影名称	《建国大业》
课程类型	影视整合课——德育和美育
课程主题	价值理念：爱国、理想、信念、尊严 个性发展：勇敢、包容 艺术技能：鉴赏能力
教学手段	情节分析—讨论分享—形成观后感
课程目标	1. 回顾历史，通过生动的人物事迹培养学生爱国热情，提升爱国情感与历史责任感、使命感； 2. 撰写观后感，提升鉴赏能力、写作能力。
课程准备	观赏电影《建国大业》
使用对象	小学 3 ~ 6 年级 初中 1 ~ 3 年级
影片介绍	影片讲述了 1945 年 8 月抗日战争胜利后，毛泽东率领的中国共产党代表团应国民党蒋介石之邀毅然飞赴重庆，与国民党蒋介石举行和平谈判，签订《双十协定》。1948 年 5 月，中国共产党发表《五一宣言》，发出了打倒国民党反动派、迅速召开新的政治协商会议、成立民主联合政府的号召。1949 年 9 月 21 日，群英荟萃的中国人民政治协商会议第一届全体会议在北京隆重召开。影片为我们呈现了自抗日战争结束至 1949 年 10 月 1 日中华人民共和国成立期间发生的一系列事件。

<table>
<tr><td>教学重点和难点</td><td>通过剖析影片内涵与导演手法，获得真情实感。</td></tr>
<tr><td>教学步骤</td><td>
一、导入
影片与以往的主旋律电影不同，从《双十协定》的签署到政治协商会议的召开，再到建国大业的最终实现，不仅客观严肃地呈现了真实历史，还加入了很多有趣的细节。无论台前还是幕后，无论是众多明星的参演、剧情的编排、故事的叙述，还是其制作、宣传和上映，都远远突破和超出了以往主旋律影片的模式与规模。

二、影片回顾及讨论
➢ 全班以小组为单位，分析讨论以下问题。
1. 导演想通过电影向观众传达什么?
故事主旨:“重温历史，思考今日。”新中国成立 60 周年之际，电影人众志成城为观众献上这部讲述新中国成立历史的影片，通过再现抗日战争胜利到新中国成立这段时间的重大历史事件，试图让存在于真实历史中的伟人形象进一步立体生动起来，让观众隔着漫长的时光，仍能清晰、深刻地感悟新中国的来之不易，感悟为了我们今天美好生活而真实奋斗过的革命先烈和历史人物的艰难和伟大，从而使我们愈发热爱自己的祖国和人民，愈发珍惜当下的幸福美好生活，在国际形势复杂多变、我国日益强大的今天，不断思考和进取，为伟大祖国和人民贡献自己的力量。
2. 电影通过怎样的手法来叙事?
故事结构:全片以两个阵营的叙事为主线，采取分开刻画的手法，并利用一个个事件的穿插来表现双方利害关系及人物性格。这部片子使用的并非是一般性戏剧化的结构手法，而是采取边缘体的线索，利用散点结构，对两条主要叙事线进行交叉剪辑，将时间的概念客观化，推动故事情节的发展。
3. 导演利用了哪些专业手段体现了这种叙事手法?
1)镜头语言:本片很巧妙地运用蒙太奇手法以两条主要线索展开叙事。考虑到片长有限、重大历史事件众多等因素，更多的是以字幕代替画面交代历史事件，字幕与字幕之间穿插了人物特写，以跳接式的平铺直叙，推动着情节发展，因此事件的进程多多少少缺少必要的推进逻辑和剧情过渡，这也是影片的遗憾之一。
2)电影配乐:影片通过不同的音乐片段连接不同的叙事时空，把每一个镜头串起来，连成一个流畅的故事。影片 1500 多个镜头，一共 110 多场戏，如果缺少了音乐的衔接，那些孤立的镜头绝无法表达出如此浓烈的情感。《建国大业》的音乐一改以往主旋律影片中仅用音乐做背景的手法，将音乐更多地融入剧情中，真正做到了用音乐来打动人。《建国大业》全片几
</td></tr>
</table>

教学步骤	乎是由写意性的背景音乐铺满的，而且并没有简单地用正反方不同风格的主题音乐来概念化地表明创作者情感的倾向性，这一方面保持了情绪的连贯性，另一方面也避免了对传统意义上的对立方做脸谱化的政治图解。影片的配乐起到了不少奇妙的作用，比如，每当国民党人物登场，低八度的音乐沉闷下压，当共产党人出现时，则常常伴随着高扬雄壮的乐音，这当然也符合当时的政治形势，而当镜头在“蒋介石伴着潇潇雨声伫立檐下”的画面中慢慢地拉远，一个稚嫩的童声却悄然响起，一颗泪珠伴随毛泽东深情的军礼慢慢滑落。 3）人物刻画：《建国大业》在领袖的品格、勇气和精神的塑造上，更加人性化、生活化，充分展示出领袖的内心世界和生活细节，对领袖形象进行了亲民化的展现。周恩来会发怒，毛泽东、周恩来、朱德、任弼时也会醉饮。当淮海战役结束，伟人们把盏庆祝，一贯儒雅的周恩来，在此时大碗喝酒，毛泽东醉得倚在墙上，笑看周恩来揽着朱德、任弼时含笑带泪同唱《国际歌》，这样的领导人物形象在以前的主旋律影片中从未出现过，这样的刻画展现出人物更贴近生活真实的一面，显得更加亲切、真实、可信。 **三、影片评价** 《建国大业》是一部政治色彩浓厚的主旋律电影，它不是以表现战争本身为侧重点的，而是要证明这场人民战争的必要性和进步性，所以我们看到在影片中战争场面少之又少，却能看出这是一场人民的战争，中国共产党代表了人心所向，代表了正确的发展方向。《建国大业》更多地采用了国民党进步将领和民主党派的视角来对两个党派进行相对客观的判断，如冯玉祥、宋庆龄、张澜、李济深等人的视角，以尽量避免口号式和传道式的宣传。 《建国大业》归根到底只说了一件事，那就是共产党的胜利和国民党反动派的失败一样是不可避免的历史洪流，导演在影片中尽量冷静客观地铺陈导致双方力量日益失衡的事件和人物心理的变化，表现江河日下的国民党反动派一方阴郁冷酷的色调与表现正处于事业上升期的红色政权方面的革命浪漫主义手法也形成了鲜明的对比。值得注意的是，电影并没有简单地用正反方不同风格的主题音乐来简单地表明创作者情感的倾向性，这样的处理一方面保持了影片情绪的连贯性，另一方面也避免了对传统意义上的对立方做脸谱化的政治图解。 **四、观后感** 影片中令你印象最深刻的人物、场景、对话都有哪些？为什么？ 淮海战役取得胜利后的那个晚上，四位改变中国命运的男人举杯畅饮，终于可以安心地大醉一场。他们一边喝酒一边高唱《国际歌》，过往影视

教学步骤	作品中领袖人物的固有形象被打破了：毛泽东喝醉了，嘴角挂着微笑歪倒在一边；周恩来充满激情地挥舞双臂做指挥状，不似平日的沉稳；刘少奇和朱德紧紧地拥抱在一起。戏里的他们因怀有建立强大祖国的梦想而神采飞扬，戏外的我们因为感受到伟人的梦想，而心神荡漾，久久不能平静。影片随着毛主席的一句“中华人民共和国，今天，成立了”而落下帷幕，那画面使人无法忘怀。 国民党败局已定，影片中细雨飘飘，将画面的色彩一点点染黑，悠扬的琴声在空中回荡，无法抑制的悲伤铺满整个时空。一身黑衣的蒋介石对着蒋经国哀叹：“腐败已经到骨头里了，反，是反党；不反，是亡国，难啊。”蒋介石不是不明白反腐的重要，只是知易行难，千里之堤毁于蚁穴，早已无力回天。最难忘记的要数蒋介石向俞济时下达命令的场景，那句“自己打败自己”的感叹，令人唏嘘不已。
课后活动	总结影片内容，从影片的主题、呈现手法等几个方面来具体分析并评论这部电影；开展以“爱国”为主题的演讲。

专家点评

《建国大业》讲述了从抗日战争结束到1949年中华人民共和国成立前夕发生的一系列故事，是庆祝中华人民共和国成立六十周年的献礼影片。

《建国大业》是对主旋律电影的继承和发展，它的选题和情节完全符合主旋律电影的传统模式，同时创新性地借鉴了好莱坞类型片的元素和风格，创作手法更加生动、鲜活。

影片讲述了1945年抗日战争胜利以后，国共两党签署了《双十协定》，但以蒋介石为代表的国民党反动派沉迷一党专制，撕毁协议，挑起国内战争，破坏和平。在这种情况下，中国共产党联合各民主党派为祖国统一和安定而战。影片通过对这一重要历史阶段和事件的呈现，进一步追溯了新中国成立的历史，坚定了只有共产党才能救中国的信念。在新中国六十华诞之际、祖国日益繁荣富强之时，这部影片有其独特的现实意义。

影片着重体现的是中国共产党及其领导人在新中国成立过程中的突出贡献和作用。对蒋介石、李宗仁等人物进行塑造时，也相对客观和公正，在追忆历史的过程中，尽量还原历史长河中鲜活的人物形象，这使得影片更具观赏价值和历史意义。

值得一提的是，为了给新中国六十岁生日献礼，影视行业100多位艺人参演此影片，其中不乏一闪而过、没有台词的明星，也不缺零片酬参演的演员。众多明星的加盟使得影片更具有传播力和吸引力，也成为影片最终取得高票房的重要原因。

第六节　唐山大地震

电影教育课程教案	
电影名称	《唐山大地震》
课程类型	影视整合课—美育和德育
课程主题	价值理念：责任、感恩、信念 个性发展：爱、宽容 艺术技能：鉴赏与评价分析能力
教学手段	分享讨论——影片分析
课程目标	1. 了解地震给一些人带来的苦难经历，思考“人与人”“人与自然”的关系； 2. 通过影片分析，提升学生的鉴赏能力，认识导演的处理手法。
课程准备	观赏电影《唐山大地震》
使用对象	小学 4 ~ 6 年级 初中 1 ~ 3 年级
影片介绍	1976 年 7 月 27 日夜，唐山地区发生 7.8 级强烈地震，房屋倒塌，灾民无数。面对即将坍塌的危楼，丈夫方大强和妻子李元妮都要去救被困的龙凤胎儿女方登和方达，方大强拦住了妻子，冲进去营救却不幸罹难。李元妮在震后发现，一双儿女被困在一块水泥板两端，若要营救，必然牺牲一方。情急之下，她做出了艰难选择——救弟弟。此事成为幸存下来的姐姐方登心中难以磨灭的痛。后来，她被军人王德清夫妇收养。高考后，方登进入杭州医学院学习，

<table>
<tr><td>影片介绍</td><td>并与研究生杨志产生了感情。而弟弟方达虽被救却失去了胳膊，成年后的方达去杭州闯荡，娶了媳妇小河，并干出了一番事业。32 年后，这家人的人生轨迹又因为 5・12 汶川地震发生了交叠……</td></tr>
<tr><td>教学重点与难点</td><td>思考并讨论影片内涵与导演风格，将教学重点放在一个“感”字上，通过“思”将“观”和“感”相结合，从而深刻理解影片内涵。</td></tr>
<tr><td>教学步骤</td><td>一、导入
一个幸福的四口之家被一场突然降临的大灾难打破了，母亲面对失去丈夫的剧痛，还必须在救儿子还是救女儿之间做出两难的抉择。命运的残忍完全超出想象。
大灾难给活下来的人们造成的身心创伤，是刻骨铭心的，甚至是难以愈合的。它用恨代替了爱，它把亲人变成了路人。我们仿佛与影片里的人物一起在时间隧道里穿行，感受生活的喜怒哀乐，体会时代的沧桑巨变。

二、影片回顾及讨论
➢ 全班以小组为单位，分析讨论以下问题。
1. 导演想通过电影向观众传达什么？
故事主旨：“23 秒—32 年”。

2. 电影通过怎样的手法来完成叙事？
故事主线分为三条，分别是母亲、姐姐和弟弟，母亲的故事线索明显是支撑起整个电影故事的主线。三条人物主线按照时间顺序平行铺开，导演将讲述的重点放在一个普通家庭的情感变迁上。

3. 导演运用哪些手法来呈现剧情？
（1）镜头语言：本片按照时间顺序为故事设计出三条主要线索，运用蒙太奇的组接展开叙事。
（2）影片色调 影片成功地运用不同色调的过渡与转换，来表达电影深刻的内涵。</td></tr>
</table>

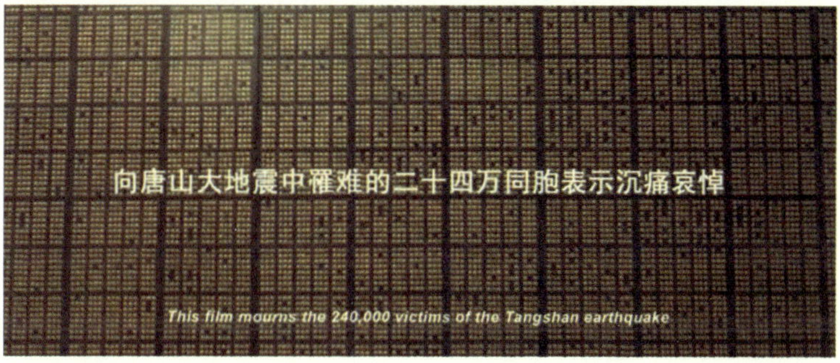

教学步骤

三、影片分析

1. 从人性的角度上看，母亲选择了弟弟，使幼小的女儿心生怨恨，直至多年后，成年的女儿和苍老的母亲和解。

（1）“本能”的体现

1）父亲的奋不顾身

地震时父母恰好不在家里，也就意味着可能逃过一劫。然而父母听到儿女的呼喊，先是母亲不顾一切要去救人，父亲一把把母亲拽到一边，自己冲了进去。在相对柔弱的女性面前，男性往往表现出强大、勇敢和责任心。在生死关头，方大强根本没时间思考，毅然把生的希望留给了妻子。

2）方登强烈的求生欲望

姐弟两人被同一块大板子压住，方登不停地用石头撞击的声音来告诉救援人员：我还活着，快来救我。母亲做出了她这一辈子最难做出且愧疚了一辈子的决定：“救弟弟。”当压在石块下面的方登听到了“救弟弟”三个字时，眼角流出一串长长的眼泪，对母亲的恨也由此产生。

3）母亲痛苦的选择

救援人员说，只能救一个，因为翘起一端的板子必然压到另一端的孩子，让母亲做决定。母亲说不行，都得救，救援人员怎么问，母亲都说都得救。直到救援人员说你再不决定，我就先救别人了。方大强已经死了，或许她想为方家留下一条血脉，儿子成了她痛苦而又无奈的选择。

教学步骤	（2）“自我”的发展 1）方登与养父母 相对于很多地震中的孤儿来说，方登是幸福的，她的养父母待她不错，并且为她提供了良好的成长环境。但方登一直都与养父母不那么亲近，刚到养父母家时一言不发。上大学后从养父的来访可以看出，她在大学期间很少跟养父母联系，后来甚至一度与他们中断了联系。 方登的情感发展是合乎逻辑的。她经历了“被抛弃”，亲生母亲都可以置自己于不顾，养母对自己与养父的关系亦多有忌惮，她内心深处无法信任养父母，还可能对养父母有一种抵触与叛逆情绪，她害怕也不想有人走进她的内心触及她感情中最脆弱的那根弦。 2）母亲对女儿的愧疚和对丈夫的爱 母亲在面对儿子和女儿只能救一个的残酷选择时多么明白，选择救任何一个都意味着放弃另一个。手心手背都是肉，在说出“救弟弟”之后，相信她的心已经随着女儿死去，她对女儿的愧疚和罪恶感只能一个人承受。所以方达要接母亲去杭州，母亲不去。要给母亲买最好的房子住，母亲不住。方达急了，你这不是跟我过不去嘛。母亲说：“地震已经搬了一回家了，年年给你爸你姐烧纸，都告诉他们回家的路怎么走了，不搬了，我说不动了。”她内心或许是想通过这种方式来弥补自己的“罪过”。 （3）“超我”的飞跃 1）姐弟不约而同奔赴汶川救灾 32 年过去了，时间定格在 2008 年 5 月 12 日 14 时 28 分 04 秒，四川汶川发生 8.0 级大地震，杭州的弟弟和远在异国他乡的姐姐不约而同选择了参加抗震救灾。弟弟事业有成支援灾区大量的物质设备，姐姐参加了医疗队。姐弟都经历了 32 年前的唐山大地震，对救援他们的解放军和支援过他们的全国人民心存感激，更对灾民之痛有着切身的体会，他们以自己的方式支援汶川灾民，姐弟二人的行为体现了一种“超我”的境界。 2）四川母亲艰难选择的背后 方登在参加汶川抗震救灾的过程中最终解开了心结。那位汶川母亲选择截肢救人时说：“你们停止救吧，锯腿吧。不能因为我孩子的腿，再牺牲人了。孩子长大了要怪就怪我吧。”历史惊人的相似，两位伟大的母亲做着同样艰难又无奈的选择。从方登紧紧地抱住那位汶川母亲的时候，她内心深处或许已经对母亲有所原谅。 影片很好地将人的“本我”“自我”“超我”展现于普通人的身上，平凡中见伟大、细微处见卓著，这也许就是该片的价值所在。 2. 影片中令你印象最深刻的人物、场景、对话都有哪些？为什么？ 本片的精彩之处在于片末亲人相认的情景。这个片段从总体来说是先抑后

教学步骤	扬，先静后动。导演采取了情感积压的方法，将高潮前的情感积压起来，待时机成熟一次性释放，以达到最大的效果。在姐弟相认时，我们所设想的哭泣、埋怨都没有出现，在回家的车上，姐弟也是平静克制的。直到方登推开门，母女两人隔窗相望时（暗示母女两人之间仍有隔阂），导演依然用冷静的笔调描绘。母亲面对“死去”32 年的女儿，仅仅说了一句“先进屋吧”。直到火候成熟之时（也就是在小屋内母女相跪而泣的那一刻），毫不犹豫斩钉截铁地将情绪释放出来。而铺垫的细节：元妮包饺子时因激动而颤抖用力过度的双手，方登推开门时的脸部特写，还来不及摘下的黑白遗照，洗好放在盆中的柿子，小河欲拉起下跪的母亲而被方达制止……全部是为了情节的至高点做准备。 　　《唐山大地震》一路娓娓道来，全是沾满人间烟火气息的细节和时时引人触动的情愫，绝无刻意的煽情化处理。相反，它时时节制，每每收敛。每当你以为它要进入一场撕心裂肺的号啕时，总是镜头一转，轻巧地进入了下一个场景，有这样的克制和耐心，才使得影片如此震撼我们的心灵。
课后活动	影片故事中蕴含了多层次的爱，有奋不顾身舍己为国的大爱，有丈夫方大强对妻子儿女的爱，有妈妈对孩子的爱，建议开展主题辩论活动，以“爱是自私的还是无私的”为主题，围绕影片内容展开辩论。

专家点评

《唐山大地震》以 1976 年唐山大地震为故事背景，本来幸福的一家在地震中生离死别，父亲为了救子女丧生。而一对双胞胎同时被一块水泥板压住，母亲需要放弃其中一个，对她而言，这无疑是在失去丈夫之后的又一个致命的打击。最终母亲选择了儿子，但没想到女儿意外生还，被解放军救助领养，直到成年都不能释怀，绝口不提亲生父母。直到 2008 年汶川地震，母女意外重逢才结束了一家人数十年的心灵煎熬，完成了与亲人和自己的和解。

天灾之后的废墟可以重建，而心灵的余震却难以平息。如何跨越这无尽的思念、悔恨和创伤，电影用爱的“宽恕”作为完成心灵救赎的良药。影片中，母亲一生的自责和自我惩罚，促使观众重新审视自己内心无法跨越的伤痕和无法原谅的过往。

《唐山大地震》对于人物情感起伏的表达十分节制，对母亲的悔恨和姐姐的怨恨并没有刻意强调，而是在母亲固守老宅和拒绝改嫁，姐姐未婚先孕、中途退学和远嫁海外等细节中娓娓道来。即便在影片的结尾，母女的重逢和解也是点到为止，留下丰富的想象空间。

第七节　离开雷锋的日子

影视教育课程教案	
电影名称	《离开雷锋的日子》
课程类型	影视整合课程——德育和美育
课程主题	价值理念：诚信、感恩、信念、奉献 个性发展：爱、尊严
教学手段	影片全景—背景分析—批判性思维
课程目标	1. 理解电影内涵，了解时代背景，深入探讨分析剧中人物行为动机与环境之间的关系； 2. 分析影片主题立意，感受“雷锋精神”及其传承。
课程准备	观看《离开雷锋的日子》
适用对象	小学 3 ~ 6 年级 初中 1 ~ 3 年级
影片介绍	乔安山和雷锋是最亲密的战友。在执行一次任务时，乔安山倒车不慎将电灯柱碰倒，砸在了在车尾指挥的雷锋头上，雷锋受伤牺牲。乔安山自责不已，回想起往日雷锋全心全意帮助自己的点点滴滴，更是肝肠寸断。他决定余生要以雷锋为榜样，全心全意为人民服务……
教学重点	通过影片分析，掌握影片时代背景，进一步理解影片中人物的性格与行为特征，理解雷锋精神。
教学难点	对影片主题立意进行深入剖析，结合现实进行分析与讨论。

教学步骤	**一、导入** 请同学们谈谈自己对影片的理解。 **二、影片回顾** 1. 影片回顾 影片采用倒叙方式展开叙述，由老年乔安山在雷锋墓前的回忆展开。影片中的乔安山曾是雷锋的战友，一次乔安山倒车时的意外，导致为他指挥倒车的班长雷锋不幸身亡。乔安山懊悔万分，回想雷锋生前对自己无微不至的帮助，乔安山决定此生以班长为榜样，全心全意为人民服务。 ➢ 矛盾冲突 雷锋精神与后来的某些价值观发生碰撞。乔安山退伍以后在工厂开车，他一直以身作则，学习雷锋，传播雷锋精神。在这个过程中，出现了几次冲突，也正是这几次冲突推动了影片情节的发展。 ✧ 乔安山与队长的冲突：乔安山拒绝先载队长的亲戚，没有出车登记就开车去载村民。队长将他擅自出车的事情告诉上级，领导准备来“教训”乔安山，但却意外看到乔安山回忆雷锋的演讲，转而要他在厂里做了演讲。 ✧ 乔安山与小偷的冲突：在行车途中，一个小偷偷了老大爷的钱，遭到众人的围堵。乔安山将其送到派出所，劝其改过自新。 ✧ 乔安山与老大爷一家的冲突：乔安山好心救助一位受伤的老大爷，替他垫付医药费，却被老人家属诬陷成肇事者，身份证被扣押，因雷锋之死而再度受到指责。在警方查明真相后，乔安山的妻子拦下这家人，她为这种不良的社会风气而气愤：“为什么好人、帮助人的人受冤枉？时代怎么变成这样？！”引出了影片的核心：大公无私的雷锋精神在当下还值不值得发扬？这是值得我们思考的问题。 ✧ 乔安山与儿子的冲突：乔安山与儿子的冲突是一条隐性的冲突线，也是“传承雷锋精神”与“中立—冷漠态度”的碰撞，儿子与乔安山在路上的“遭遇”改变了儿子起初的态度，当志愿者们都来帮助他们拉车时，儿子从内心理解了雷锋精神，并身体力行。 2. 内涵分析 影片的矛盾冲突，是雷锋精神与时代的冲突。在商品经济快速发展的当下，人们的物质生活越来越丰富，可是一些人连做人的基本道德都缺失了。在道德与利益，个人利益与他人利益、集体利益发生冲突时，很多人选择了个人利益。而像乔安山这样坚持自我、帮助他人、发扬雷锋精神的人已经少之又少了，像乔安山儿子这样试图在利益与道德之间找寻平衡点的人也很多（像售票员、胖叔叔），当然也有像老大爷的亲属那样自私自利、罔顾良知的人。但我们从影片中可以看到乔安山儿子、售票员、胖叔叔的改变，而老大爷的亲属也为

教学步骤	旁观者所不齿；这些改变正是受到了像乔安山、女校长这样始终坚持向善、拥有奉献精神和坚定信念、固守本心的人的影响。这部影片是新时代的一篇醒世恒言，也是永不过时的对于精神的涵养。 **三、讨论** 到底什么是雷锋精神？ 雷锋精神是指以雷锋的无私奉献精神为基本内涵，在实践中不断丰富和发展着的革命精神，其实质和核心是全心全意为人民服务，为了人民的事业无私奉献，它已经成为我们这个时代精神文明的同义语、先进文化的表征。周总理把雷锋精神全面而精辟地概括为“爱憎分明的阶级立场、言行一致的革命精神、公而忘私的共产主义风格、奋不顾身的无产阶级斗志”。结合当下时代环境与变化来看，雷锋精神是毫不利己专门利人、助人为乐、无私奉献、人人为我我为人人……当然，一千个人眼中有一千个雷锋，也有一千种雷锋精神，但其核心是不变的。 （1）请结合自己的理解与当下社会的现状谈一谈你眼中的“雷锋精神”。 示例： 在我的理解里，雷锋精神代表的是社会责任感。正如影片里乔安山救人反被咬定是肇事者，但仍然坚持自己最初的选择，雷锋精神一直鼓舞着他，支持他，在最难抉择时给了他坚持救人的力量。 （2）置身21世纪，该如何践行雷锋精神？请说一说你的想法。 示例： 《三国志》有言：“勿以善小而不为，勿以恶小而为之。”当你遇到了需要帮助的人，自己能帮得上忙，不要想那么多，伸出援手就对了！ 把路边的垃圾随手捡起扔进垃圾桶，遇到外卖小哥送餐途中摔倒热心上前搀扶，暴雨天气为忘关车窗的车主盖上雨布……所有的小事，所有的举手之劳都是“善小而为”。 谁说雷锋精神死了？那些在暴雨和水灾抢险中挽救群众生命财产安全的武警官兵们不是当下的雷锋吗？那些在抗击新冠肺炎过程中身着防护服十几个小时连续抢救病人的医生、在武汉自发组织起来运输物资的志愿者们不是当下的雷锋吗？
课后活动	总结课堂讨论要点，结合自己的思考，写一篇观后感。

专家点评

一、影片主旨

影片通过雷锋的战友乔安山在“延续班长生命”的后半生中学习雷锋、乐于助人的经历，探讨雷锋精神与当代社会的关系、雷锋精神与普通人的关系，良知与善意成为影片关注的焦点。从生命意义上说，1962 年 8 月 15 日之后的日子是乔安山离开雷锋的日子，也是我们离开雷锋的日子；但从精神层面出发，雷锋真的离开了吗？我们真的离得开雷锋吗？缅怀雷锋与成为雷锋，究竟哪一个更有意义？

二、艺术特色

1. 真实的力量

影片根据乔安山的真实事迹改编而成。创作前期，影片编剧王兴东为了把剧本写好，四次去铁岭对乔安山进行深度访谈；电影摄制期间，年逾花甲的乔安山担任艺术顾问，多次在拍摄现场为摄制组还原当年真实的细节，片中场景也多是实地取材……这一切都使得电影呈现出高度的真实感，这是它最动人的地方。

2. 清晰的功能性叙事

为了呈现乔安山的经历，影片选取了四个时期的四段故事，它们各自承担着不可替代的功能：第一段是故事的缘起，交代雷锋与乔安山的深厚情谊与意外的发生，也为后面的故事做好铺垫；第二段乔安山在公交公司工作期间的故事主要凸显、褒扬他惩恶扬善、坚持原则；第三段是全片最高潮，乔安山的善意在新的时代遭到恶意诬陷的挑战，在此逆境中借妻子之口倾诉他的委屈，衬托他的坚守；第四段故事让我们看到“世界上总是好人多”（乔安山语），传达出新时代的希望。

三、启发与思考

乔安山在班长雷锋去世前从未想过自己有朝一日也能像英模班长那样因为乐于助人而广为人知。世界上许多伟大的事都是由普通人完成的，起点未必伟大，但事在人为。

随着故事的推进，我们看到了一个普通人成为“雷锋”的经历，这个过程

中他遇到对身心的考验与挑战，刚直不阿、无私助人的他笃信、坚持“做人总得讲起码的良心”。时代不同了，社会规则、价值尺度发生了变化，乔安山的赤子之心也许会被嘲笑，被误解，但更多情况下会被铭记，被感谢，被继承。这也正是我们每个人在离开雷锋的日子中的必修课。

第八节　杨善洲

影视教育课程教案	
电影名称	《杨善洲》
课程类型	影视整合课——德育和赏析
课程主题	价值理念：责任、信念
教学手段	影片全景—审美情感 潜在故事—观后感
课程目标	撰写观后感，提升写作能力。
课程准备	观赏电影《杨善洲》
使用对象	初中 1 ~ 3 年级
影片介绍	原云南保山地委书记杨善洲同志从事革命工作近 40 年，清正廉洁，忘我工作，一心为民，为了兑现自己当初“为当地群众做一点实事，不要任何报酬”的承诺，退休后，主动放弃进省城安享晚年的机会，扎根大亮山，义务植树造林，一干就是 22 年，把一片不毛之地变成了价值数亿元的“绿色银行”。
教学重点与难点	引导学生从影片人物原型、演员表演、视角切换三个方面入手，分析影片立意，获得真情实感。 要将重点放在一个“感”字上，联系实际、深入发挥，把自我的“感”写深、写透，让“观”和“感”相吻合。

教学步骤	**一、导入** 《杨善洲》是一部弘扬时代精神、歌颂优秀共产党员、展现当代基层干部楷模形象的主旋律电影，为我们提供了有关生命的意义和价值的思考，人物鲜活，其独特风格在现实题材中难得一见。《杨善洲》突破了以往主旋律电影中人物“高、大、全”的处理手法，演员表演真实、有力，震撼人心。 **二、影片回顾及讨论** ➢ 全班以小组为单位，分析讨论以下问题。 1. 导演想通过电影向观众传达什么主旨？ 大公无私，坚守信念。 2. 电影怎样完成叙事？ 影片是典型的开头—发展—结尾三段式结构，以主人公杨善洲的“工作”与“生活”两条主要叙事线平行发展的手法推动故事情节的发展。 3. 人物刻画 1）杨善洲：主演李雪健是著名的表演艺术家。他曾表示：“拍这部戏我们不能表演，只能顺着人物原型走。” 影片中有多处细节用来表现杨善洲恪守公私分明的原则。比如：在一次需要用公家车回家的时候，竟然要求助手周波帮他打表，以便计算路费交还给公家。周波一听不乐意了，于是以“罢工”之势来抗议杨善洲过分古板的做法。杨善洲显然没料到小伙子会这样，愣了一下，冷不丁冒出一句：“嘿，欺负老人嘞？！”拿了钥匙赌气似的钻进汽车启动了起来，但很显然他不会开车。周波一看急了，“杨书记您真开啊！”赶紧冲上前把他拉出来，无奈说道：“打！我打！”这时候老书记脸上露出了孩子般胜利的微笑，演员表演十分到位。 2）杨静兰：杨善洲的二女儿占了电影大部分的苦情戏份，她的每一次出场几乎都在“飙泪”。本应该是父亲最宠爱的女儿，却因父亲的大公无私而未能得到一点干部家属的优待，她的内心充满了对父亲的埋怨和不理解。杨善洲不肯以公谋私，贯穿全片的父女纠葛成为观众的“泪点”。尽管由于父亲的坚持导致她与丈夫孩子分居两地七年，但她却能理解这是父亲出于一名党员最虔诚的信仰。于是，她把所有的委屈与眼泪都吞进了肚子里，最终以自己的实力考取小学教师的资格与家人团聚。陶虹的表演自然流畅，特别是几场哭戏，细腻地刻画了一个农村女青年善良而坚强的形象。 4. 电影中杨善洲书记的哪些事迹感动了你？ 1）公私分明，坚决不公车私用。 2）他深入抗旱前线与老百姓共进退，并现场做出停建地委办公楼的决定，要把省下的钱用于打水井。 3）退休时主动放弃进省城安享晚年的机会，自己组织人进大亮山种树。

	4）因为觉得县里没钱，他拒绝了奖励。市里给了他 20 万元，他收下了，但拿出 10 万元捐给了学校，又拿出 6 万元给还在山里的同事修澡堂，留了 4 万元给自己的老伴养老。 **三、观后感** 观看电影《杨善洲》，了解影片内容，围绕一个明确的主题立意完成观后感写作。可参考以下切入点。 （1）两袖清风、大公无私的工作了 40 年的老书记退休之后，没有进城安享晚年，凭着一句“不靠天不靠地，自己当龙王”的豪言壮志上山造林，一干又是 20 年，把不毛荒山变成了价值数亿元的“绿色银行”。2010 年大旱，在翠绿大山护佑下的当地未受大旱影响，杨善洲的名字从而响彻大江南北，震动中央，名留青史。 （2）从《焦裕禄》到《赵树理》，再到《杨善洲》，一晃 20 多年过去，李雪健在不断塑造这些人物的同时，自己也成为故事，塑造影片人物形象的同时也在塑造自己，这就是好演员的境界吧！ （3）他不能算一个好父亲，他给子女的不是陪伴，而是精神的标杆。他不谋私，不利己，一生都献给伟大的事业，工作尽忠职守，退休报效家乡，一个人的精力和时间有限，要做好一件事，便很难兼顾其他。如果我是他的家人，也可能会难以理解他；但作为一个旁观者来看，他是个心有大爱的人。
课后活动	总结影片内容，从影片的主题、呈现手法等方面来具体分析这部电影，将感想写成观后感，在班级分享观影心得。

专家点评

《杨善洲》作为为中国共产党成立 90 周年献礼的影片，根据杨善洲的真实事迹改编，表现了人民干部一切为了人民的伟大情怀，主人公是许许多多人民公仆的缩影。该片获得了第 14 届中国电影华表奖优秀故事片奖、第 31 届大众电影百花奖最佳编剧提名，主演李雪健获第 19 届北京大学生电影节最佳男演员奖。

影片中对于主人公杨善洲的塑造突破了以往主旋律电影主人公“高大全”的形象，不隐藏杨善洲在家庭中的缺位，使人物形象更加立体丰满、平凡真实。导演善于用细节突出杨善洲的性格，对其个人经历的叙述以退休为节点分为退休前和退休后两个部分，线索清晰。

杨善洲在工作中是为人称道的地委书记，但在家庭中却不被理解，家人甚至对他满是埋怨。对他的妻子来说，他是不顾家的丈夫；对于女儿来说，他是铁面无私的父亲，无暇参加女儿的婚礼，即便女儿与丈夫分居多年也不愿动用公权帮助他们团圆。但他真的不是一个好父亲吗？女儿结婚他买了当时能负担得起的最贵最好的被面，给女儿家的小花园栽种了一棵从山上背下来的树苗，为女儿提行李蹒跚地送女儿上车……他的公私分明，他的无私奉献，他的默默关怀无不展现出杨善洲纯粹的人格。

结构上的首尾呼应使影片更为圆满。从开头大亮山的荒草丛生、缺水问题严峻，到结尾的旧貌换新颜，杨善洲坚守在大亮山艰苦奋斗的精神也令人称道，使人动容。

第九节　厉害了，我的国

影视教育课程教案	
电影名称	《厉害了，我的国》
课程类型	电影整合课——德育和美育
课程主题	价值理念：爱国、理想、信念
教学手段	撰写观后感
课程目标	1. 培养学生的爱国情感，激发民族自豪感和历史责任感，进一步弘扬爱国主义精神，强化爱国主义教育； 2. 通过撰写观后感，提升学生的写作能力。
课程准备	观赏电影《厉害了，我的国》
使用对象	小学 4 ~ 6 年级
影片介绍	影片展示了在创新、协调、绿色、开放和共享的新发展理念下中国社会主义建设近五年的伟大成就，展现了中国人民在全面建设小康征程上的伟大奋斗，彰显了以习近平同志为核心的党中央的正确领导。
教学重点与难点	从影片的视角、数据、语言、画面四个方面入手，带领学生理解影片内涵，获得真情实感。 要将重点放在“感”字上，联系实际、深入发挥，把自我的“感”写深、写透，让“观”和“感”相吻合。

<table>
<tr>
<td>教学步骤</td>
<td>

一、导入

《厉害了，我的国》取材于央视财经频道的六集纪录片《辉煌中国》。《辉煌中国》制作团队拍摄了近 3200 小时的高清纪实素材、300 小时的航拍素材，最终凝练为《厉害了，我的国》时长 90 分钟的电影画面。

电影既记录了中国桥、中国路、中国车、中国港、中国网这些超级工程，还展示了目前人类历史上最大的射电望远镜 FAST、全球最大的海上钻井平台“蓝鲸 2 号”、磁悬浮列车研发、5G 技术等引领人们走向新时代的里程碑式的科研成果。

从圆梦工程到创新科技、从绿色中国到共享小康，电影在运用大量航拍镜头分享震撼影像的同时，也将其背后的故事娓娓道来，大国气象的宏大叙事与平凡百姓的情感脉络相互交错。

《厉害了，我的国》不仅展现了恢弘的大国气象，也从“小家”的角度切入，讲述平凡百姓的生活变迁。

“大国”与“小家”息息相关，无数个体的温暖日常，凝结成大国气象，这是电影《厉害了，我的国》所聚焦的家国关系。

二、观后感写作

了解影片内容，明确主题立意，完成观后感写作。可参考以下切入点。

➢ 宏大的视角

影片从圆梦工程、创新驱动、协调发展、绿色生态、共享小康、改革开放等几个方面，以宏大的视角展现了党的十八大以来，中国所取得的改革开放和社会主义现代化建设的成就。尖端科研领域的“振华 30 号”“蓝鲸 2 号”“天宫二号”等大国重器显露真容，这些珍贵的影像是中国人努力的真实写照。此时此刻，我们难以忘记那些为了国家的发展贡献毕生精力的科学家、科技者、劳动模范等，是他们在平凡的岗位干出了不平凡的业绩，助力了中国腾飞。

➢ 浓缩的数据

影片不仅记录了中国桥、中国路、中国车、中国港、中国网等一个个非凡的超级工程，还将人类历史上最大的射电望远镜 FAST、磁悬浮列车研发等引领人们走向新时代的里程碑式的科研成果加以展示。电影中一组组举世瞩目的数据，不仅是数字和概念，而且是中国人努力的缩影。

➢ 平实的语言

纪录片用百姓的视角聚焦国家发展，又以国家的视野关注百姓民生，由大到小，又由小到大，语言平实。

影片中各条战线与各个领域的杰出代表诉说着对理想的执着与坚守，并将个人在工作岗位上的默默奉献和社会的发展有机地结合了起来，生动展现了百姓的生活状态及积极乐观的精神风貌，呈现了国人积极自信、锐意进取的奋斗历程。

</td>
</tr>
</table>

教学步骤	➢ 难忘的画面 影片中气势磅礴的背景音乐贯穿始终，而一帧帧中国新时代发展的美好画卷不断呈现：刷新世界纪录的项目、勾勒出中国经济运行效率新版图的中国桥，穿越沙漠戈壁、总里程世界第一的中新高速公路，“创时代”新标志、最美铁路中国高铁，吞吐量逐年增加、位列全球首位的中国港，南水北调，西气东输，清洁能源基地建设，全球规模最大的 4G 网络，5G 技术……
课后活动	总结影片内容，从影片的主题、呈现手法等方面来具体分析这部电影。开展以“爱国”为主题的演讲，最后以小组总结的形式形成观后感，开展班级演说会。

活动课设计教案	
活动背景	根据电影《厉害了，我的国》开展德育活动
活动主题	价值理念：爱国
活动手段	“爱祖国·爱生活”班级影像展
活动目的	1. 培养学生的爱国情感，培育朝气蓬勃、积极向上的校园文化氛围； 2. 引导学生结合生活将爱祖国的热情与爱生活、爱集体结合起来，通过了解民生变迁直观地感受改革开放和社会主义现代化建设的辉煌成就。
活动对象	小学 1 ~ 6 年级 初中 1 ~ 3 年级
活动准备	改革开放 40 年相关的老照片、老物件
活动过程	**一、导入** 同学们在观看了《厉害了，我的国》之后，一定都为我们的祖国今天的繁荣昌盛感到自豪！那么你知道改革开放以来，祖国都发生了哪些翻天覆地的变化吗? 今天我们的“爱祖国·爱生活”主题活动将从照片影像收集开始，收集与改革开放 40 年相关的老照片、老物件，通过身边的事物了解改革开放 40 年的变化。 **二、电影回顾** 从电影中你看到了祖国取得的哪些科技成就? 1）中国桥：世界最长的跨海大桥、跨度最大的公路铁路两用桥、首座公路铁路两用跨海大桥。 2）中国路：中国在多种不利的自然条件里修建公路、铁路、桥梁，从无到有，创造了很多基建奇迹。 3）超级高速公路：使用了太阳能、路面光伏发电等高新科技。 4）中国高铁：从冰雪覆盖的高寒地带到热带海岛，高铁这个庞大的网络每天都在高效运行，高速的建造能力也让这个网络时刻处在延伸之中。 5）射电望远镜 FAST- 中国天眼：“眼睛”巨大但非常灵活，且观察精度是毫米级的。 6）海上钻井平台“蓝鲸 2 号”：这是目前全球最大的海上钻井平台，其最大钻井深度达 15240 米，相当于近两个珠穆朗玛峰的高度，世界上其他的海洋石油装备无人能及。 7）水陆两栖飞机 AG600：这是完全由我国自主设计并制造的、世界上最大的水陆两栖飞机。

活动过程	8）“振华 30 号”：世界最大单臂全旋回起重船，被称为海上“巨无霸”，其重达 6000 吨的接头能够在 1.5 厘米的精度内操作，可谓能够“穿针引线”！ 9）C919 大型客机：我国按照国际民航规章自行研制、具有自主知识产权的大型喷气式民用飞机。 10）“天宫二号”空间实验室：我国首个具备补加功能的载人航天科学空间实验室。首次实现航天员 30 天中期驻留，首次应用推进剂补加技术，提前验证空间站技术，并开展了大量载荷科学和应用试验。 **三、交流活动** 同学们可在交流环节里分享自己的故事，从衣、食、住、行等方面描述改革开放带来的巨大变化。 1）学生在课前准备摄影作品展所需要的照片或短视频； 2）学生结合所准备影像资料展开故事叙述或文字展示； 3）全班进行分享展示，并将优秀分享内容留存，制作班级影像展。
活动总结与反思	当我们享受国家发展进步的成果所带来的便利生活时，不要忘记前辈的艰苦奋斗。正所谓“少年智则国智、少年富则国富、少年强则国强、少年独立则国独立……”，要使我们的国家长盛不衰，必须从我们自己做起！

专家点评

影片主要通过前后两个部分进行重点叙事。前一部分以回顾近五年来我国在基础建设、国家工程、科技领域等方面的成就为主。后一部分则以人民群众对美好生活的需要为叙事脉络，归纳了近五年来我国对生态和环境保护、医疗保障制度改革、精准扶贫等方面的民生问题的解决，体现出的是国家的硬实力和软实力。

影片的创作特色主要体现在以下两个方面。

第一，把握宏观叙事与微观描述相结合的创作理念。影片中宏观的叙事反映了真实的社会现实，表达了远大的社会理想，体现的是真挚的爱国情感。而平民视角是宏大叙事的基础，用平凡人物不平凡的工作来为影片大背景的宏观叙事提供事实支撑。这种叙事方式不仅激发了中国人的民族自豪感，还增强了中国人的责任感。

第二，以画外音为线索的非线性叙事模式。“非线性单线叙事”指的是含断裂、省略、闪回、闪前的单一线索的不完整叙事，本片堪称非线性叙事的典范。围绕“爱国主义”这条主线，分为圆梦工程、创新活力、协调发展、绿色家园、共享小康和开放中国六个主题，通过娓娓道来的画外音串联成一幅祖国大美山河的画卷。

2

第二章

聚焦新时代

第一节　念书的孩子

影视教育课程教案	
电影名称	《念书的孩子》
课程类型	影视整合课——美育和德育
课程主题	个性发展：独立、成长、爱 艺术技能：鉴赏
教学手段	讨论分析
课程目标	通过对影片的分析，思考探究影片的主旨。
课程准备	观赏电影《念书的孩子》
使用对象	小学 2 ~ 4 年级
影片介绍	留守儿童开开和爷爷相依为命，在爷爷的教导和陪伴下，开开学会了独立生活，与流浪狗小胆儿也建立了深厚的情谊。爷爷的突然离世对开开来说是沉重的打击，在城里打工的父母决定接开开进城，开开舍不得与小胆儿分离，又憧憬久违的父爱母爱，最终踏上了进城的路途。
教学重点	分别从故事主旨、人物形象、电影色调、象征手法、写实手法五个方面入手，引领学生深入思考影片内涵。
教学难点	剖析主题，分析影片的色彩设计、象征手法，理解导演的意图。

<table>
<tr>
<td>教学步骤</td>
<td>

一、导入

在中国有这样一个群体，他们的父母为了生计远走他乡外出打工，但他们却留在了家乡，由父、母单方或其他亲属监护，成了所谓留守儿童。

二、影片回顾及讨论

➢ 全班以小组为单位，分析讨论以下问题。

1. 导演想通过电影向观众传达什么？

故事主旨：“珍惜生活，理解关爱。”

2. 导演利用了哪些专业手法和电影语言完成叙事？

（1）人物形象

① 影片主角开开，是典型的留守儿童，他们的父母迫于生活压力，不得不外出打工，为家人赚取“更好的”生活。缺少父母的陪伴，深深的失落笼罩着开开的生活。

② 爷爷是开开世界里温暖的光，体贴且耐心的教育、细腻的情感，让缺少父母陪伴的开开感受到“爱”的浸润。

③ 影片中“小胆儿”则是以开开的一个“缩影”的形式而存在的，小胆儿其实是另一个开开，一个更弱小、更无助、更需要理解和关爱的“开开”。它的出现也间接展现了开开对现实生活的无奈与接受。

（2）电影色调

影片以沉重的土灰白色为基调，影射主人公的内心世界，给人一种孤独感和沉重感。而在“爷孙”两人相处的每一个夜晚，画面都以温暖的黄红色调为主，又凸显出情感的温馨、柔和。

图 1　开开和爷爷朝夕相处

（3）象征手法

① 电话：影片中电话共响起了 6 次，每每在这个寂寥的家庭里电话铃声响起，
</td>
</tr>
</table>

教学步骤	带来的都是温暖，都是希望。家人之间千里之隔，电话是牵起一家人的“绳子”。 ② 小胆儿（流浪狗）：小胆儿在影片中除了陪伴主人之外，还是主人公更深层次的情感寄托，开开将小狗看作另一个“自己”，给它陪伴与关爱。 （4）写实手法 电影开篇画面是带有陕北特色的清晨景象：雾蒙蒙的潮湿的空气，袅袅炊烟，枯败的枝叶，灰白的色彩。人物着装朴实素净，房屋陈设残破但充满烟火气，白描似的景物勾勒出这个山村的贫穷。  图 2 开开和爸爸进城，在车上告别小狗小胆儿 3. 请指出本片令你印象最深刻的部分，说一说原因。（本部分由学生自由发挥，分享感受） 如：影片触动我的是剧中这位慈祥的爷爷。他对待开开耐心又温和，使我想到了我的爷爷奶奶，他们对我也是这样，虽然不善于言辞，他们却一直在以自己的方式爱着我。 4. 根据影片主人公的生活，深入了解“留守儿童”的生活现状。 留守儿童是指外出务工连续三个月以上的农民托留在户籍所在地，由父、母单方或其他亲属监护接受义务教育的适龄儿童少年。 2016 年开展的农村留守儿童统计，全国不满 16 周岁、父母均外出务工的农村留守儿童数量为 902 万人。
课后活动	开展以“关爱留守儿童”为主题的公益活动，通过定向帮扶，形成一对一牵手活动，送一本好书给帮扶的留守儿童，可以留言祝福。

专家点评

《念书的孩子》是一部以情动人的影片。在以儿童成长为主要视角、讲述当下中国农村留守儿童的影片中，反思如何解决留守儿童问题，与真切展现留守儿童对父母的思念和对完整家庭生活的向往同样重要。影片在刻画开开父母的形象时，在对家庭情感的表现上，有意选择了比较中性，甚至较为疏离的策略。在开开与父亲通话时，隐去了父亲的声音；父母离乡返城时匆匆告别，留下财物和饭菜弥补情感的愧疚；父亲接开开进城念书时抛弃小狗小胆儿，用未来再买更好的狗来安慰心碎的儿子。开开和父母情感的疏离在简单的事件中表现出来。相比之下，开开与爷爷、邻居燕子、同学亮亮、班主任王老师和小狗小胆儿的感情更深。

影片对情感的细致刻画，也是对留守儿童故事中所折射出的社会和家庭问题的强调。

第二节　破门

影视教育课程教案	
电影名称	《破门》
课程类型	电影整合课——美育和德育
课程主题	价值理念：勤学、友善、理想 个性发展：自信、成长、协作、坚毅
教学手段	人物分析—思维导图
课程目标	1. 通过行为动机，分析人物的性格特征； 2. 通过对人物的分析，锻炼学生总结与概括的能力，提升学生分析影片的能力。
课程准备	观看电影《破门》
适用对象	小学 3 ~ 5 年级
影片介绍	喜哥原是一名县中学的数学老师，在合并学校的时候，他放弃了继续留在中学任教的机会，来到了川西北山区的新明小学当起了体育老师。喜哥的到来，给大山里的留守儿童带来了足球。新明小学开始发生变化，新明小学老校长希望学生们参加全市小学生足球联赛，为学校争光。喜哥组建了校足球队，开始了“喜哥式训练”，以备战全市小学生足球联赛。
教学重点	从人物行为中寻找人物的性格特征与闪光点。
教学难点	总结概括影片主旨，提炼关键词。

教学步骤	**一、导入** ➢ 人物性格讨论 （1）你仔细观察过你的朋友吗？ （2）你能准确描述出他 / 她的性格与特点吗？ （3）请以“他 / 她是一个怎样的人”“从哪些行为可以看出他的为人”为主题，来描述一下你的朋友吧！ **二、分析影片人物性格及特征** 1. 找出表现人物性格的方面 （1）喜哥：奉献、责任、友善、自信、爱、探究、信念、理想 （2）校长：奉献、责任、安全、保守 （3）坦克：勤学、坚毅、勇敢、尊严、理想、自信、协作 （4）小钢炮：勤学、勇敢、协作、坚毅、尊严、友善、尊重 （5）班长：勤学、友善、勇敢、责任、协作、善思、机智 （6）桑果：勤学、责任、勇敢、坚毅、自信、爱、协作、尊严、理想 （7）喜哥儿子：勤学、自律、爱、奉献 （8）喜哥媳妇：友善、勤劳、爱、奉献 2. 分析影片中的人物行为 （1）奉献：喜哥在贫困山区支教，校长在山区支教三十年，喜哥媳妇和儿子为了支持喜哥的事业搬来山区； （2）友善：喜哥对学生的用心，喜哥媳妇对所有娃娃的关爱，班长对全班学生的帮助； （3）坚毅：坦克不断练习射门，小钢炮练球摔倒流血仍然坚持，桑果雨中练球不输男孩； （4）坚持理想：喜哥对于足球梦的坚持，坦克通过踢球排遣思念和孤独，桑果把完成班长的足球梦作为自己努力的方向； （5）坚定信念：喜哥通过所谓“没有用的东西”帮助贫困儿童坚定信念； （6）信心：喜哥对山区孩子的信心，桑果对自己的信心； （7）尊严：坦克对于自己的出身、桑果对于自己女孩的身份、小钢炮对于自己的身材，这些方面都体现了人对尊严的需要； （8）自律：喜哥儿子夜里挑灯学习，哪怕是在学校废旧的储藏室； （9）勇敢：山区孩子们对于城里队的挑战不畏惧不怕输；当面临危险的那一刻班长选择让桑果先获救； （10）爱：有喜哥媳妇对于喜哥的体贴之爱，有校长在桑果受伤时表现出的爱，有班长帮助同学的友爱，有喜哥和校长对于支教事业无私奉献之大爱。

<table>
<tr><td>教学步骤</td><td>
三、思维导图
➢ 根据以上分析，给每位出场人物绘制思维导图，从姓名—性格特征—行为表现等层面展开。
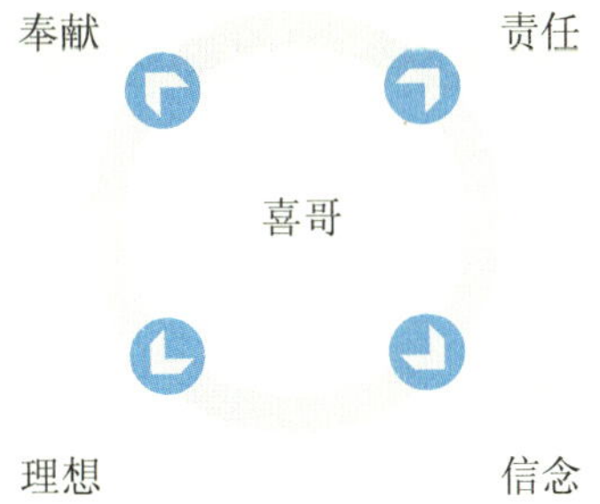

</td></tr>
<tr><td>课后活动</td><td>请每个学生观影后绘制自己的人物分析思维导图，要求：不限风格，抓住人物性格特征，准确使用关键词，找准能体现此类性格的人物行为。</td></tr>
</table>

专家点评

1. 这部电影为什么很好看？

《破门》之所以好看，是因为它是一部体育题材的类型电影，故事的发展以新明小学足球队成立、训练及比赛的过程为主要线索，足球比赛的输赢强化了故事的戏剧冲突，我们与电影中的主要角色共悲喜，仿佛自己也身处其中，为新明小学足球队的胜利而喜悦，因其失败而遗憾。电影情节在足球队故事的基础上加入了地震的情节，灾难让每一位队员获得成长，美好的友谊最终让他们走出困境、拥抱胜利。除此之外，秀丽的山村风景及朴实的乡土人情，也能让我们感到故事带来的明媚与温暖。

2. 你最认同电影中的哪个人物角色？

《破门》中的每一个人物角色都塑造得很丰满，在故事的发展中，我们能看到他们性格的复杂性。阳光幽默的喜哥，在生活中对待学生像自己孩子一样呵护有加，在球场训练中，却变成了“魔鬼”教练；不合群的坦克变得温和，最终融入足球队的大家庭；泼辣率直的桑果，因为上校的离去，变成了果敢的文静女孩；不服输的小钢炮，因为地震失去了双腿，变得暴躁抑郁，等等。我们在生活中，要学会观察别人，设身处地替他人着想，这样有助于我们理解人性的复杂之处。

3. 从这部电影中，我们学到了什么？

我们要努力拼搏，像新明小学的足球队员一样，只要比赛还没有结束，就一定要坚持到最后，胜利终将属于拼搏者。

我们要学会与别人合作，尤其是在团队和集体中，众人拾柴火焰高，相互学习，彼此帮助，共同成长。

我们永远也不能被困难吓倒，应该鼓足勇气，面对人生。新明小学的足球队没有因为穷困、比赛失利，以及地震带来的灾难而畏缩，他们迎难而上的态度、积极乐观的精神，是我们面对人生、面对未来的最好的“教科书”。

第三节　美丽童年

影视教育课程教案	
电影名称	《美丽童年》
课程类型	影视整合课——美育和德育
课程主题	价值理念：友善、感恩 个性发展：自信、成长 艺术技能：理解与赏析能力
教学手段	背景分析—人物分析
课程目标	1. 分析人物成长中的问题，探讨处理问题的方式方法； 2. 利用思维导图，提升学生的总结概括能力，培养逻辑思维能力。
课程准备	观赏电影《美丽童年》
使用对象	小学 3 年级
影片介绍	九岁的覃月是一个打工家庭的孩子，妈妈刚刚找到一份市政清洁方面的工作。面对家境优渥的班长吴雯雯的挑衅，覃月谎称妈妈的新工作是空嫂。在这之后，覃月经历了一段艰难的心路历程，母女关系也经受着煎熬和考验。最终，覃月选择了承认错误，接纳自己的家庭。
教学重点	根据情节分析三位主人公的家庭背景，分析他们由成长经历所带来的不同价值观、人生观。
教学难点	寻找关键词概括影片中主要人物的性格及养成过程。

<table>
<tr><td>教学步骤</td><td>

一、导入

《美丽童年》的故事情节其实很现实，对孩子来说，甚至有几分残酷。对于生活与命运的不公与无奈，影片采用了较为诗意的处理方法，让主人公在竞争与磨砺中成长，自己去发现问题的答案。让我们一起通过人物背景分析，来看看故事中的三位主人公都有怎样不同的成长经历吧！

二、背景分析

1. 电影中三位主人公的成长环境（家庭背景）

（1）覃月

九岁的女孩覃月，是一个打工家庭的孩子，父亲出海捕鱼，母亲找了一份清洁工的工作，父母共同维持着一家的生计。父亲对于家的概念就是住在出租屋里的母女二人。海上工作的茫茫无期，逼迫他有更多的时间去思考生活，当然得出的总是朴素的价值观。所以，父亲在与女儿短暂的相处中，他总能看懂、理解女儿的内心。而覃月的母亲是一个为生活奔波又不愿恶意揣测女儿的善良妈妈，通常心有万千起伏却面无波澜。妈妈希望为孩子创造更好的生活，刻意保护，总是不愿让女儿了解家庭经济窘迫的境况，这恰恰成了造成覃月内心焦虑不安的重要原因。

（2）刘雯雯

在电影中，刘雯雯的家庭代表着成人世界的伪善。优越的家庭条件使她在学校里处处拔尖、时时展现优越感。父母的观念影响着孩子，让她拥有了和年龄格格不入的言谈举止。

（3）王泽明

王泽明出身于富有的书香门第，但身为豪车接送的富二代，其实是一个留守儿童。父母离异，他和爷爷生活在一起。父母成天在外面打拼，离婚后只想着保障孩子的物质生活，却忽略了家庭破裂带给孩子的影响。正是在这样“没有安全感”环境中，他渴望得到爱，却感受不到家的温暖。

2. 引起的思考

（1）思考在不同家庭背景中的家庭教育。

注：如何正确认识自己以及自己的家人，如何在不平等的社会环境中坚守初心，坚守底线，这既是《美丽童年》所聚焦的，也是现实社会正面临的问题。

（2）电影中，每个人的成长背景不同，而导致不同的价值观、人生观出现了矛盾与冲突，如果你的身边出现这样的情况，会如何解决呢？（本部分由学生自由发挥，分享感想）

如现实社会里，我们提倡人人平等，身份职业无贵贱。凭自己的劳动挣钱，用勤劳的双手实现自我价值，这样的人就应该也更值得被尊重。爱是无私的，就好像妈妈对覃月的爱，爷爷对王泽明的爱，也如同覃月对刘雯雯的包容，大家对覃月的体谅。

三、人物分析

引导学生根据电影情节内容，找出每个人物的性格特点进行总结归纳，自由发挥想象绘制人物思维导图。

</td></tr>
</table>

教学步骤	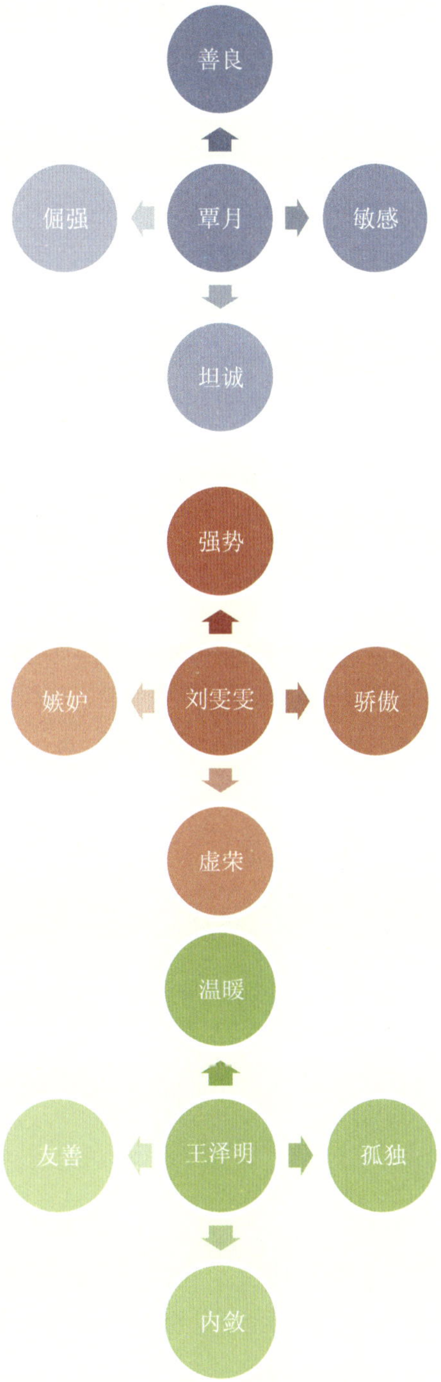
课后活动	每人完成一幅《美丽童年》影片人物思维导图，格式不限，画风不限，要求找准关键词，情节脉络梳理要清晰。

影视教育课程教案	
电影名称	《美丽童年》
课程类型	影视赏整合课——美育和德育
课程主题	价值理念：友善、诚信 个性发展：自信 艺术技能：理解与赏析能力
教学手段	影片全景—批判性思维
课程目标	1. 思考探究影片的主旨理念，培养独立思考能力； 2. 提升学生对影片的鉴赏能力，培养学生正确的价值观、人生观。
课程准备	观赏电影《美丽童年》
使用对象	小学 4 年级
影片介绍	九岁的覃月是一个打工家庭的孩子，妈妈刚刚找到一份市政清洁方面的工作。面对家境优越的班长吴雯雯的挑衅，覃月谎称妈妈的新工作是空嫂。在这之后，覃月经历了一段艰难的心路历程，母女关系也经受着煎熬和考验。经历过疼痛才会长大，饱受谎言困扰的覃月最终选择了接纳自己的家庭，她与小伙伴敞开心扉分享彼此的秘密，在帮助黄奶奶实现心愿的过程中他们的友谊也得到了升华。
教学重点	从自我否定、自我认识、战胜自我三个方面入手分析、理解影片的主旨。
教学难点	引导学生分析影片中矛盾产生的原因。
教学步骤	**一、导入** 《美丽童年》的故事情节其实很现实，对孩子来说，甚至有几分残酷。面对生活与命运的不公与无奈，影片采用了较为诗意的处理方法，让主人公在竞争与磨砺中成长，自己去发现问题的答案。 **二、独立思考** 1. 在电影中都出现过哪些矛盾? 1）工薪家庭遭遇拆迁，寻找新居困难； 2）失忆老人独居，儿女不赡养老人； 3）失和夫妻执意离婚，对孩子心理造成影响。 2. 针对电影中的矛盾与冲突，谈谈你的看法。（学生可自由发挥，分享感受） ➢ 自我否定 在电影《美丽童年》中，九岁的女孩覃月谎称妈妈是一名空嫂。由此，覃月背上了沉重的心理负担，就怕有一天，这个谎言被戳穿，自己被同学们

	嘲笑。影片为我们呈现出一个相当完整的校园生态，特别是覃月所在的班级，孩子们来自各个阶层，性格与气质也大相径庭。整个班级，就如一个小小的社会，覃月不自觉的自卑，让她撒了一个可以保护自己不受伤害的谎，而后则是用更多的谎话，来维护这个谎言。  母亲被派往她学校周边做清洁，她不敢坐母亲的车上学，为了避免被同学认出而让母亲戴上了口罩，想让这个小“秘密”永远不被戳破，由此，母女间的关系也变得紧张和微妙。
教学步骤	➤ 自我认识 说一个谎言并不难，难的是用一个新谎去圆上一个谎，直到使自己置身在这个编织的谎言世界中，影片中的覃月就是如此。比如，她会害怕同学认出做清洁工的妈妈而让她戴口罩；会在吃饭时嫌弃妈妈指甲里的污垢；还会直接拒绝坐妈妈装垃圾的车上学……影片能够将一个工薪家庭中孩子的内心状态呈现得如此写实，如此复杂，非常需要勇气。 覃月为谎言所困扰的过程，也是自我认识的过程。当她在雨中看到妈妈还在工作，她会义无反顾地去帮她；当班长要看她谎言被戳破后出丑时，她却坦诚地向班级师生和家长坦白了自己的谎言。其实我们大可将她的这个谎言看成是她向往的世界，或者说是每个孩子都向往的世界，我们并不能用大人的道德和行为标准来要求一个孩子。覃月一直用自己的零花钱帮助一位她称作黄奶奶的老人，可见其心之善之纯，体现了她内心的真善美。 覃月帮助孤寡老人，这体现了一种自发的高尚情操。覃月与北京转学来的新同学关系不错，两个人分享了很多秘密，包括对老房子的喜爱和对老人的关心。妈妈“被迫”参与班会，并公开地表达了对于家庭、职业和女儿的情感，这有效地疏解了覃月心里的障碍，于是她们可以真诚地迎接他人的目光。 ➤ 战胜自我 品学兼优的覃月在学校如此孤单。老爸是城市规划师的王泽明转学而来，使得她不再形单影只。小女孩的视角起到双重作用，一方面见证了自己在隐

<table>
<tr><td>教学步骤</td><td>

痛中的成长，另一方面又带来对诸多现实问题的观察。
撒谎的覃月惴惴不安，内心备受煎熬；既害怕给同学留下不诚实的印象，又不想给母亲造成伤害。但包不住火，覃月妈妈捡到巨款后拾金不昧的举动，导致谎言被彻底揭穿。覃月意识到自己的错误，终于与母亲在风雨中相拥冰释前嫌，和王泽明敞开心扉修复友谊裂痕。
在没有老师和家长的“外力”的作用下，覃月凭借自己的思考，勇敢地承认了错误，挽回了亲情，拯救了友情，也让自己再一次坦坦荡荡地面对大家，这本身就是一种由被动到主动的成长。

3. 由以上分析进一步延伸，引出关于“认识自我”这一议题。
通过影片我们看到了覃月最终接纳了自己、坦然面对自己的人生，在此过程中，她建立了自信，正确认识了自己。
那么放眼校园，有多少学生又因为不能正确地认识自己，正确地对自己做出评价，而影响着自身情绪与人际关系？可就“如何认识自我，建立自信”这一主题展开讨论与分享。</td></tr>
<tr><td>课后活动</td><td>总结课堂讨论内容，对影片各个人物的成长历程进行具体分析，并评论这部电影。（可以开展即兴的演讲，最后以小组总结的形式形成较为完整的影评作业）</td></tr>
</table>

专家点评

儿童电影中的儿童形象是叙事创作的关键，本片对成长中的儿童进行了深入的人物刻画。

第一，以覃月的视角为线索，勾勒出儿童成长所经历的隐痛和无奈。第二，追寻和发现是覃月成长的助力器。“寻找一颗丢失的纽扣不是真正的追寻。追寻意味着找寻人经验之外的东西。”覃月在同学们面前谎称母亲是空嫂，为了不露馅，她只能用更多的谎言来遮掩。儿童寻找自我的归属，是在寻找从未体验过的他者，这是他们在成长路中可贵的经历，“追寻者都以一个‘他者’作为自己追寻的对象”。有目标追寻并且坚定追下去的少年儿童，在前进中不断挑战自我、突破自我到达目标，得到心理和身体的历练，在不断前行中成长。最后，“留守儿童”也是影片讨论的内容之一。

第四节　小小代校长

影视教育课程教案	
电影名称	《小小代校长》
课程类型	影视整合课——美育和德育
课程主题	价值理念：友善、责任 个性发展：自立、自信
教学手段	分析讨论——情节脉络梳理
课程目标	1. 利用思维导图，培养学生的逻辑思维，进一步提升学生的文学素养； 2. 通过对影片结构的梳理，使学生深入理解影片。
课程准备	观赏电影《小小代校长》
使用对象	小学 3 ~ 5 年级
影片介绍	滨海花园小学要在四年级开展竞选“代校长”活动！一经宣布，同学们反响强烈。历经一波三折，“涉险胜出”的李小小努力兑现竞选承诺，千方百计组织轮滑表演队，积极开展画漫画、拒绝网吧等一系列积极健康的活动，活动虽经历曲折波澜，却在同学们的努力下得到了推进。“代校长”活动大大提高了孩子们的综合素质和自我管理能力，使他们满怀信心面向未来。
教学重点	针对电影故事情节的分段式叙事结构与一条主线三条支线的平行叙事的手法，展开对影片内容的详细的逻辑梳理。
教学难点	区分影片四条故事线的内容，寻找关键词概括。

教学步骤	**一、导入** ➢ 学校是创造梦想的地方，在电影《小小代校长》中，经过老师及同学们的努力，大家都变为自我管理能力很强的小主人。假如你是代校长，你会制订怎样的计划来和伙伴们共同成长呢？请用简短的话语谈谈你的想法。 1）同学 A：如果我当了校长，校园里要有一幢高科技的教学楼，里面要有一个大型的图书馆。图书馆、教学楼及体育馆的内部要连通，让同学们出入更加方便。 2）同学 B：我会安排同学们参加更多的课外实践，不只让能力与成绩展现在作业本上。 3）同学 C：我会举办艺术节、卡拉 OK 大赛，让同学们展示才艺。 **二、影片回顾及讨论** ➢ 全班以小组为单位，分析讨论以下问题。 1. 导演想通过影片向观众传达什么主旨？ 影片主旨："摆脱依赖，独立自主"。 2. 电影内容与结构 1）从内容来看，宣布竞选、酝酿竞选及李小小脱颖而出可作为第一部分；第二部分则是围绕着李小小所宣告的竞选纲领展开的。另外，影片情节的展开十分注意铺垫。 2）从影片结构来说，以李小小竞选代校长—组织轮滑—完成漫画—帮助胡东东拒绝网吧为主线；以彭欢、老师和校长、胡东东的活动为三条支线。这四条线索是紧密交织在一起的，也正是这种交织构成了剧本的完整性。 **三、情节脉络梳理** 引导学生利用关键词概括每段情节或主题，并发挥想象绘制影片思维导图。 参考如下： 李小小（主线） 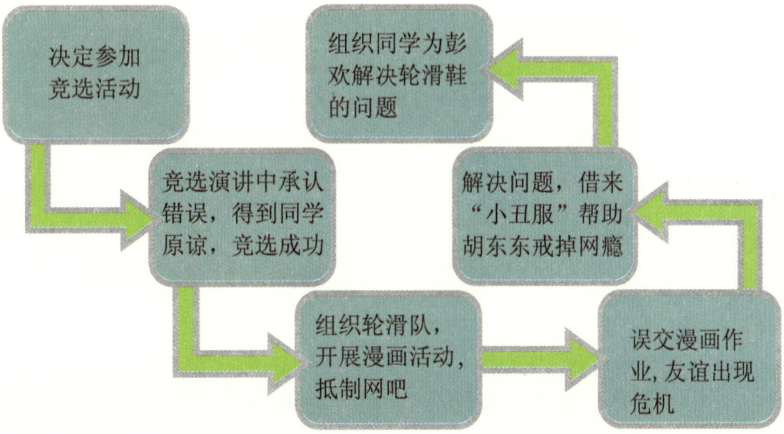

<table>
<tr>
<td>教学步骤</td>
<td>
胡东东（支线）

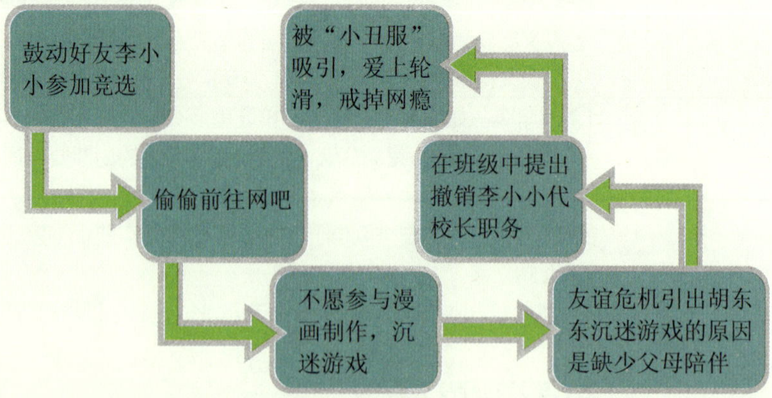

校长、老师（支线）

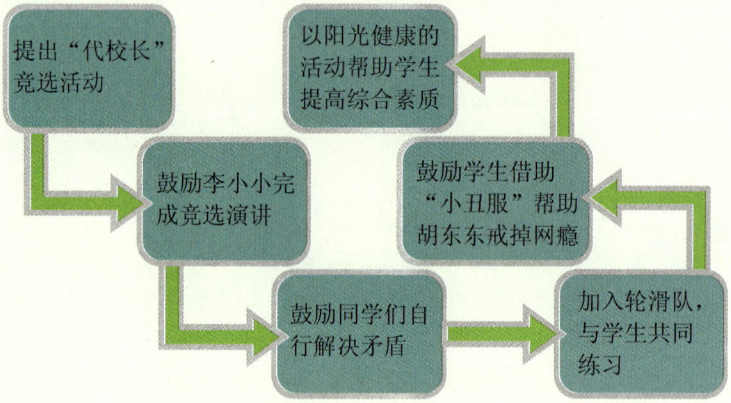

</td>
</tr>
<tr>
<td>课后活动</td>
<td>每人完成一幅《小小代校长》影片思维导图，样式不限，画风不限，要求找准关键字，对情节脉络的梳理要清晰。</td>
</tr>
</table>

专家点评

《小小代校长》：真挚友谊与朝阳风貌

《小小代校长》由知名导演郑大为执导。作为少数优秀国产儿童片，影片的成功上映不仅填补了都市儿童片的缺口，更为全国青少年儿童提供了一部教育性、娱乐性并存的影视作品。

影片立意新颖、视角新奇，充满童真童趣，以滨海花园小学四年级同学开展竞选“代校长”为切入口，展现了同学、师生间的一系列真挚动人的故事，反映了当代儿童的成长过程，以及我国教育者对教育事业所开展的有益创新。

在竞选“代校长”的活动中，李小小一波三折，最终以真挚诚恳的态度打动大家、赢得了信任，他努力兑现当初竞选时许下的承诺，挖空心思组织轮滑表演，积极开展漫画活动，更是拼命阻止“好哥们”胡东东进入网吧。最终，在众多同学的热情帮助下，李小小不仅兑现了竞选时许下的承诺，还化解了与胡东东的诸多误解。影片生动展示了孩子如何从过去被动接受转化为主动自我管理、自我约束的过程。在充满朝气的气氛中，对孩子们的性格进行重点刻画，在提倡“自己的事情自己做”的同时，也指出了独生子女的依赖性问题。一般的儿童片较少展现校园生活，而影片的编剧却巧妙地抓住“代校长”的独特视角，切入小学生活，进入儿童的世界，通过儿童的视角来观察与反映当下社会。

第五节　旋风女队

影视教育课程教案	
电影名称	《旋风女队》
课程类型	影视整合课程——德育与美育
课程主题	价值理念：勤学、友善、理想 个性发展：独立、自信、探究、协作、坚毅
教学手段	通过分享讨论形成观后感。
课程目标	带着问题看电影，有针对性地探究电影内涵。
课程准备	观影《旋风女队》
适用对象	小学 3 ~ 6 年级
影片介绍	本片根据真实事件改编。一位支教教练来到海南琼中中学，将来自偏僻山村、从未接触过足球的女孩子组织起来，成立了一支足球队。这支队伍穿着补了又补的足球鞋，经历了无数失败与泪水，最终凭着满腔热情和一股韧劲，踢出了大山，踢向了世界。
教学重点和难点	引导学生正确理解电影内涵，培养学生的鉴赏能力。

<table>
<tr><td>教学步骤</td><td>一、导入
看完电影《旋风女队》，相信同学们都有了自己的体会，一部好的电影必定会给人们留下点什么，而一次好的观影体验也必定包括思考与总结，请根据以下问题，思考并总结你的观点。

二、观后感
1. 影片讲述了一个什么样的故事？
影片给我们讲述一个体院毕业后“留校难”的女足球教练，为坚持足球梦想，只身来到海南贫困山区支教，帮助黎族女孩建立足球队，挣脱束缚，突破自我，最终走出大山、走向世界的故事。
2. 影片传达了怎样的思想感情？
山区女孩不畏物质条件的艰苦，坚持训练，从一开始的“足球菜鸟”成为后来的“雨中勇士”，很好地传递了永不服输、团结互助的足球精神。
女教师对理想的坚定信念及她的实际行动，带动了整个球队的孩子们，给我们传递了“勇于挑战困境、突破自我”的乐观精神与积极能量。
3. 影片中哪些人物形象最吸引你？为什么？
影片中最吸引我的人物有：
女教师：她乐观积极，勇于面对困难，有她在的地方就是欢声一片。在生活中，大家都愿意与这样的人相处。
校长：在一个教室内同时给不同年级的学生上课，校长坚守岗位几十年如一日，可见他的无私与奉献，校长的责任心与对孩子们的爱令人动容。
女孩：光着脚丫跑步、光着脚丫干活、光着脚丫过独木桥，身手还能如此敏捷。小姑娘的独立坚毅、对于足球的热爱，以及不断探究、刻苦训练的精神，值得我们学习。
4. 影片中令你印象最深刻的是哪一部分？从中你获得了哪些启发？
影片中令我印象最深刻的是校长外出将孩子们的美术课交给足球教练来上，她将美术课改成了足球课。
在落后的贫困地区，“女娃靠结婚生子”“男娃靠出门打工”。而女教师带着足球出现，为这群山里娃的人生创造了新的可能性，他们可以通过踢足球挣脱世俗的观念，并在“足球精神”的引导下，突破眼前的困境，突破了自我。最终，这群山里娃可以跟其他孩子一样“敢想敢拼”，为自己的未来和理想奋力拼搏，这是影片最令人感动的地方。
5. 说一说你对这部电影的评价。
影片整体基调轻松活泼，女主角将她自身特有的喜剧天赋通过角色展现出来。影片以“足球精神”为出发点，为少年儿童传递了积极正确的价值观。影片中质朴又鲜活的人物，为我们树立了一个个勤学、友善、独立、自信、坚毅、探究、协作、互助互爱，以及为理想而努力奋斗的形象。</td></tr>
<tr><td>课后活动</td><td>请学生写下属于自己的观后感。</td></tr>
</table>

专家点评

1. 电影在题材选择上有什么创新？

首先，《旋风女队》选择以足球题材架构故事，体育竞赛的胜负悬念增强了影片的观赏性。其次，电影在足球故事的基础上融入了乡村背景，乡村风景的展示及农民形象的塑造，拓展了电影景观的丰富性。最后，电影关注女子足球队的故事，这也打破了传统足球题材电影以男性为中心的模式。

2. 电影改编与现实事件相比有什么特点？

电影《旋风女队》以海南省国家级贫困县的“琼中女足”为原型，根据真实的社会事件改编而来。相较于现实事件，电影有以下改编：第一，原本“琼中女足”的教练是男性，《旋风女队》将主角改成女性教练，增强了影片作为女性题材的表现力度；第二，现实中“琼中女足”是在县城中训练与生活，电影将故事背景改在农村，乡村景观元素丰富了影片画面。

3. 我们从电影中能学到什么？

《旋风女队》作为一部励志主题的儿童电影，对我们的生活具有指导意义。

如果我们来自城市，家境优渥，我们要靠自己的努力成为对社会有用的人，我们要时刻关怀处境艰难的农村儿童，将爱与知识传递给他们，只有这样，我们的生命才更有意义，我们的社会才能更有爱。

如果我们来自农村，家境贫寒，我们更不能放弃努力，要学习“旋风女队”的精神，不断拼搏，坚持不懈，只有这样，我们才能走向成功，改变命运。

第六节　我和我的伙伴

影视教育课程教案	
电影名称	《我和我的伙伴》
课程类型	影视整合课——美育和德育
课程主题	价值理念：动物保护
教学手段	影片分析—分享讨论
课程目标	1. 帮助学生建立动物保护意识； 2. 通过观影提升学生对人与人、人与动物、人与自然之间关系的认知与理解，提升人文素养。
课程准备	观看《我和我的伙伴》
适用对象	小学 3 ~ 5 年级
影片介绍	自闭女孩陆小荷与一只受伤的天鹅建立了深厚的情谊，在小荷的照料下天鹅慢慢康复，小荷也因此渐渐开朗。直到天鹅被人拐走，小荷与父亲开始了“寻鹅”旅程。
教学重点	学习如何解读分析影片，能够表达所思所想。
教学难点	借助影片立意，培养学生的人文意识与素养。

<table>
<tr>
<td>教学步骤</td>
<td>

一、影片分析

1. 导入

同学们已经观看了《我和我的伙伴》这部电影，它通过小姑娘和爸爸拯救天鹅的故事，探讨了人与自然、动物的和谐关系，平淡中不失对“真、善、美”的表达与追求。相信电影中表现优美景色的画面、小女孩与天鹅之间的友谊，以及与爸爸一起的“寻鹅”经历，都给大家留下了深刻的印象，那么今天我们一起来回顾一下这部优秀影片的内容。

2. 思维导图——人物及人物关系分析

1）电影中的主人公在故事发展中都发生了哪些改变?

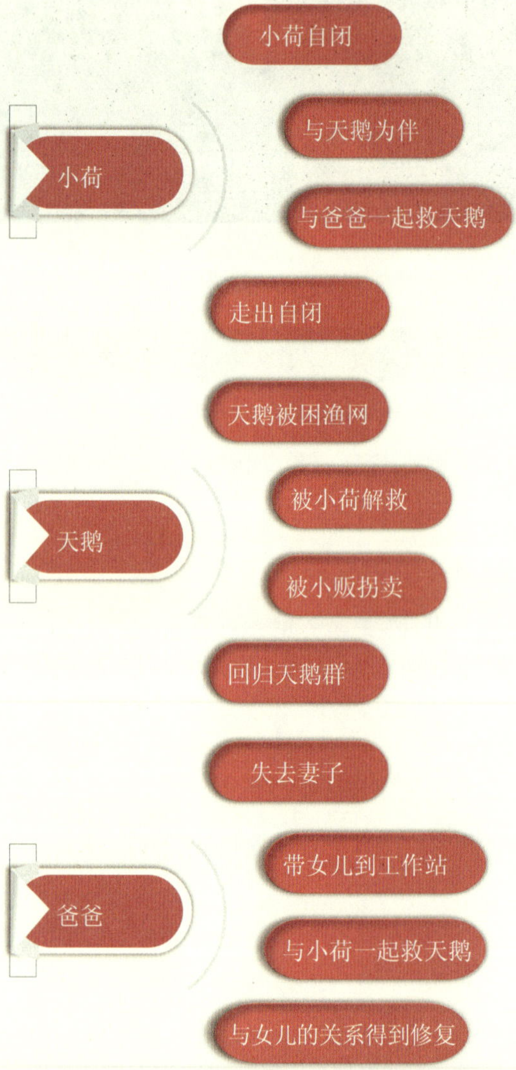

</td>
</tr>
</table>

教学步骤

2）片名叫作《我和我的伙伴》，请同学们回忆影片中都出现了哪些“伙伴”？

小荷与妈妈	小荷与天鹅	小荷与爸爸
单亲女孩小荷与陪伴自己的妈妈是伙伴。	孤独的小荷遇到离群的天鹅并救助了它，两个孤独的个体互相依靠成为伙伴。	小荷与爸爸共同经历了“救天鹅—寻天鹅—放飞天鹅”的过程，建立了伙伴的情感。

二、分享讨论

1）影片讲述了一个什么样的故事？

影片讲述了自闭症女孩陆小荷通过解救天鹅，与天鹅成为朋友，最终放飞天鹅同时走出心灵困境的故事。

2）导演通过影片想要给我们传达什么？

影片给我们呈现出了一幅“芦苇沼泽、天鹅迁徙、长河落日”的优美画面，故事简单清新，清凉中透露出一丝温暖，像冬日里的一束阳光照进我们心里，给人温馨治愈的美好感觉。

影片中失去妻子的陆国强，失去母亲的陆小荷，以及受伤离群的天鹅，三者互相陪伴彼此完成救赎。这样一个简单、纯粹、温馨的故事，道出了自我救赎与成长离不开陪伴与爱。影片倡导“人与自然、人与动物、人与人”之间的和谐共处，呼吁人们尊重自然、爱护动物、保护环境。

3）影片中令你印象最深刻的内容有哪些？为什么？

影片的最后，小荷坐在车顶，仰望天空中飞翔的天鹅，静静地对爸爸说：“爸爸你是不是要给我找新妈妈了”，这段话令我印象深刻。当爸爸在网上找

教学步骤	到有关天鹅介绍的那一段，当爸爸读到“它们一生只认定一个伴侣，从一而终”时，小荷和爸爸都沉默不语，那个时候小荷还不愿意开口对爸爸说话，小荷只是用写字的方式在与爸爸交流，而到了影片最后，在他们帮助天鹅最终飞上天空后，小荷已经能够开口与人交流。而这时的父女俩随着天鹅的高飞，内心也同样得到了救赎。此时小荷说出这样一句话，既是对爸爸这个新“伙伴”的接纳，也是对过去的释怀。 4）请给出你对这部影片的评价。 影片题材新颖，画面优美，立意高远。人物形象真实自然，故事情节简单纯粹，处处体现温情。影片在提倡尊重自然与保护动物的同时，也探讨了儿童自我认知、自我接纳与自我成长的心路历程，是一部值得观看的佳片。
课后活动	围绕“人与动物和谐相处”“人与自然和谐共生”的主题进行创作，形式不限，可选择摄影、漫画、故事或者短视频等多种形式。

第七节　指尖太阳

活动课设计教案	
活动背景	《指尖太阳》德育实践活动
活动主题	价值理念：理解、包容、责任 个性发展：善思、探究
活动手段	讨论分享
活动目的	通过留守儿童的经历引起学生对留守儿童问题的思考、对自己生活的反思，培养同理心和社会责任感。
活动对象	小学 4 ~ 6 年级
活动准备	观看电影《指尖太阳》
活动过程	一、活动引言 《指尖太阳》这部电影，乡音贯穿始终，余韵细微悠长。大山深处，有这样一群土家族的孩子，每当春节即将到来，一双双天真的眼睛在河边望眼欲穿，直到烧完了花灯，才知道爸爸妈妈今年又不会回来了。 故事主要围绕小禾和小鱼两兄妹展开，讲述了山区少数民族留守儿童家庭的故事。 就是这群天真可爱的孩子，他们的父母为了生计进城务工，这些孩子成为我们口中的“留守儿童”。他们难道不想在父母的陪伴下成长吗？他们难道不想周末也让父母给自己做一餐美食或者去游乐场玩一次吗？

<table>
<tr><td>活动过程</td><td>他们很想，甚至想通过“故意考不及格”引起父母的关注，“迫使”父母归家。可是这些留守儿童的父母是真的愿意丢下他们不管吗？用电影里的一句话说：“不是他们离不开城市，而是城市离不开他们。”

二、讨论分享
1. 话题讨论一
1）回想一下我们的城市生活有哪些行业是离不开进城务工人员的？
2）我们应该如何与之相处？
理解为城市默默付出的劳动者（如建筑工人、环卫工人、市场商贩、饭店服务员、快递员、外卖员），尊重他们，尊重他们的劳动成果。试想，现在的城市如果没有这些人的默默付出，那我们的生活可能难以正常运转。我们应抱有一颗同理心和感谢，对待他们多一份尊重，社会才能更和谐。
2. 话题讨论二
对比留守儿童的生活状态，想想自己的生活，想想自己与父母的关系，同时也想象一下在城里的留守儿童。
1）对比当下自己的生活，学会珍惜；
2）学会建立同理心，理解父母的不易，学会包容身边的人；
3）留守儿童是孤独的，但孤独的不只有留守的儿童，人们孤独的原因可能多种多样，但关键在于如何面对孤独。
3. 针对留守儿童的现状，思考讨论解决方案。（小组讨论，各抒己见）
➢ 讨论方向可参考如下几点：
1）如何让留守儿童们的父母回家？
2）是否能把孩子接到城里，如何克服其中的困难？
3）是否组织公益捐助？能否真正达到预期效果？
4）如何充实精神生活？</td></tr>
<tr><td>活动总结与反思</td><td>1. 将课堂上的讨论进行总结，最终运用到实际的生活中；
2. 选出班级讨论出的可行性较强的方案，以班级或小组为单位开展公益活动。</td></tr>
</table>

专家点评

图 1　小禾和小鱼思念在深圳打工的父母

图 2　小禾和小鱼见到了回乡的父母

“爱的源头来自家庭。”这是小禾、小鱼和珊珊等秀山打捞寨的留守儿童经历了对父母的期待、寻找之后逐渐领悟到的道理。《指尖太阳》不仅用质朴平实的影像语言讲述了大山深处留守儿童生活和学习的现状，用镜头传递了青山绿水间的诗意生活，同时也通过巧妙编排的环形故事结构，营造出乐观的处世态度。留守儿童、空巢老人、农民工问题是中国社会经济转型时期普遍存在同时也较难解决的问题。影片在叙事时间和空间的协调上流露出彼此呼应、颇具意味的特征。四季的轮换成为小禾和小鱼等少年们成熟的象征。由渡船串联起来的乡村小学和山间宅院同样也承载着留守的老人和孩子对外出亲人的深切思念。影片的声音简单纯净但又不失意味。收音机中有关国家政策的新闻播报声在山林河流间飘荡，成为在外务工的游子们回归家庭、建设家乡的乐观隐喻；电话、便携式摄影机和投影仪促进了亲人间的沟通，暗示着亲情在科技的纽带中得以维系；儿童角色的独白或旁白又为影片增添了抒情色彩。

第八节　一个都不能少

影视教育课程教案	
电影名称	《一个都不能少》
课程类型	影视整合课——美育和德育
课程主题	价值理念：责任、信念、坚毅 个性发展：诚信、坚强
教学手段	影片分析—讨论分享
课程目标	1. 观看影片，引导学生了解穷乡僻壤的孩子读书的艰难； 2. 培养学生欣赏电影的能力。
课程准备	观看电影《一个都不能少》
适用对象	小学 4 ～ 6 年级，初中 1 ～ 3 年级
影片介绍	水泉小学的高老师要回家看望病重的母亲，只有十三四岁的女孩魏敏芝被田村长从邻村找来代一个月课。高老师见魏敏芝年纪太小，认为她无法教书，不同意由她代课。村长告诉高老师，找这么一个人不容易，让魏敏芝把学生看住，凑合一个月等高老师回来再说。水泉小学学生的辍学情况非常严重，每年都有学生退学，现在只剩二十八个学生了。高老师临走时再三叮嘱魏敏芝一定要把学生看住，“一个都不能少”。魏敏芝不会上课，整天让学生抄课文，每天清点人数。学生们见她人小不听她的，甚至故意捣乱，教室里乱哄哄，但她守在教室门口，不到时间不让走。十岁的张慧科为给家里还债，辍学进城打工去

影片介绍	了，魏敏芝牢记高老师的叮嘱，“一个也不能少”，决心把张慧科找回来。最终通过电视媒体，魏敏芝不仅找回了张慧科，还引起广泛的社会关注，给小学引来了社会捐助，乡村教育被注入了生机与希望。
教学重点	学习解读分析影片，感受影片所传递的精神与品质。
教学难点	1. 借助影片立意，培养学生信守承诺的品质； 2. 通过分析影片，理解影片内涵与导演处理手法。
教学步骤	**一、导入** 在生活中你有许下过承诺吗？当你承诺某件事的时刻，你是否做好了准备，坚守这一份诺言？ “这是我的承诺，一个都不能少！”影片中主人公因为一个承诺，经历了重重的困难，又因为兑现承诺，而感动了所有人。 “一个都不能少”看起来很简单，但其中的艰辛与酸楚，是需要我们用心去体会的。 ➢ 请简短地描述你是如何看待承诺的。 同学 A：承诺一般都会实现，除非遇到特殊状况，才会改变。 同学 B：有可能是为了达到目的才说的，有些人一旦目的达到了就很难兑现承诺。 同学 C：承诺是一种责任，如果没有做到，就会失信于人。 **二、影片分析** ➢ 全班以小组为单位，分析讨论以下问题。 1. 电影的故事结构、导演手法 1）故事结构 全片是典型的开头—发展—结尾三段式结构，运用了“责任”与“爱”两条主要叙事线平行推动故事情节的发展。 影片故事主线可以分为两条，一条是魏敏芝因为 50 块钱去学校代课，而高老师交代的是学生“一个都不能少”，这是 50 块钱收入带来的责任。另一条是当第二个学生出走，找回这个学生是老师对学生的责任，是师生情，是爱。 在两条故事主线的交织之下，电影的人物、主题思想不断地得到升华。 2）导演手法 在这部影片中，导演运用了叙事蒙太奇的手法，增强了故事的流畅性，叙事性和主题得到了很好的体现。

教学步骤	如在影片的开始处，贫瘠的土地、年代久远的土坯房等画面作为远景呈现，渲染出水泉镇贫穷的面貌，突出了那里恶劣的条件。 2. 电影元素 1）镜头 影片大部分场景由手提摄影机拍摄，略微晃动的画面所带来的强烈的纪实感，让整部影片显得真实可信。 影片较多使用长镜头，在视觉上给人感觉影片是对事件的客观呈现。导演以一个旁观者的姿态静静观察，而不用多余的剪辑将之打断。这种手法虽然拖慢了影片的总体节奏，但对增强真实感却大有裨益。比如影片开头有一场戏是高老师向代课老师魏敏芝交代关于粉笔的使用，导演就用了一个长镜头进行表现，使得整场戏流畅自然，真实可信。 2）色彩 无论是茫茫的山海，还是全景式的山路延伸，画面色彩就只有绿色和黄色，只有尘土滚滚的黄色土地和延绵的绿。例如魏敏芝徒步去城里的场景，镜头由远及近，又由近及远，蓝天与黄土地突出了魏敏芝身上绛红色的衣服，给人以视觉冲击。画面色彩虽然简单却使人无法忽视眼前的那份苍凉和贫瘠。 3）角色 影片中的角色都是由非职业演员本色出演，主角魏敏芝的表演者将人物诠释得异常生动。从最初的羞涩，到最后情感的爆发，整个过程滴水不漏，层次丰富，张力十足。整部影片有一种洗尽铅华的气质，是这群非职业演员赋予了影片极大的真实感，更能引起观众对于乡村教育状况的感同身受。 3. 空间构建 影片对于空间的构建是别有深意的。水泉村，就是一个富有真实性及象征性的生存环境。它与千千万万个中国乡村一样，有着破旧的房屋和较为落后的生活方式。影片展现了连绵起伏的山峦，开阔的视野，缓慢的生活节奏……无论是镜头的运用与光线、氛围的营造，还是讲述故事的方式，都是温暖、抒情、鲜活的。 **三、讨论分享** 1. 根据影片内容展开讨论，说说你对“一个都不能少”这句话的理解。 1）不能让失学和逃学的现象再出现。 2）教育是社会的问题，需要来自社会的共同关注，任何人都应该多份爱心和同情心来帮助农村失学的孩子们，让他们能尽早回到课堂。 2. 教育是一个非常大的话题，而导演是怎样来启发我们对教育进行深思的呢？在创作上有哪些值得我们学习的地方呢？

教学步骤	归纳参考： 就剧本内容而言，故事简单，环境普通，题材小，人物小，事件小。 从表现手法看，单一的叙事手法，情节几乎没有高潮，毫无包装的人物造型等，都营造了真实的生活氛围。 影片从一开始就十分注重对魏敏芝性格的刻画。 开始部分的叙事节奏是缓慢的，表现的都是生活的琐事，平铺直叙地展示魏敏芝代课的过程。这种看似零散、琐碎的展现，实际上是对我国农村教育状况的深度凝练。 对魏敏芝代课过程细节的展现，也是为了表现魏敏芝倔强好胜、自以为是、有些蛮横的性格。特别是某些带有喜剧色彩的片段（魏敏芝追逐张慧科、强行公开学生日记、带领学生搬砖等），使观众对魏敏芝的认识更为全面。 当魏敏芝进城寻找张慧科时，影片的叙事重心已经从乡村转移到了城市，开始对农村孩子在城市中的生活困境的观照，从而使影片的内涵得到丰富，并引发观众思考。
课后活动	1. 以班级为单位开展面向贫困山区的帮扶活动； 2. 老师设计几个主题活动，并以“承诺、责任、坚持”为核心思想，开展“一诺千金”的打卡活动。

专家点评

《一个都不能少》是一部关注贫穷地区儿童教育的影片，讲述的是一个 13 岁的小女孩魏敏芝，为了 50 块钱给几十个比她更小的孩子代课。为了完成前任老师“一个都不能少”的嘱托，想尽办法去城里寻找辍学的学生，后来竟然阴差阳错地为小学争取到了捐助。影片由群众演员本色出演，以近乎纪录片的风格，真实地呈现了乡村教育的困境及教育工作者的赤子之心。

整部影片没有豪言壮语，也没有戏剧化的情节冲突，更没有对乡村教师刻意的歌颂赞美。影片中的代课老师不懂得怎样教课，却不顾一切地要让学生全部留在学校读书。这种坚持体现了新时代的教育精神，也呼唤社会给予贫困山区教育更多的关注和扶持。

影片以纪录片的影像风格，采用群众演员，使用方言、自然光、长镜头，以近乎平淡的剧情展开整个故事的讲述。这种对于真实感的强调，增强了故事的感染力和可信度，更容易引起共鸣和广泛的社会关注。

第九节　孙子从美国来

影视教育课程教案	
电影名称	《孙子从美国来》
课程类型	影视艺术课—美育
课程主题	价值理念：包容 艺术技能：赏析与评价能力
课程目标	1. 通过分析镜头语言，理解导演意图，深入了解影片内涵； 2. 撰写观后感。
课程准备	观看电影《孙子从美国来》
适用对象	小学 5 ~ 6 年级 初中 1 ~ 3 年级
影片介绍	影片讲述了陕西皮影艺人老杨头因儿子的订婚，成为美国小孩布鲁克斯的爷爷。在一起生活的过程中，因年龄、文化、习惯等各方面的差异，祖孙俩之间发生了一出出令人啼笑皆非的闹剧，最后，老杨头接纳了布鲁克斯，孙子也喜欢上了爷爷。
教学重点与难点	针对“爷孙关系”，引导学生逐一分析每一个镜头所要表达的含义。

教学步骤

一、导入

1. 播放第一组片段

片段 1：影片开场——皮影戏《孙悟空》

片段 2：影片正题——第一个镜头“爷爷在躺椅上睡，电视里播放《蜘蛛侠》”

✧ 教学提示：通过细节找共性

片段 1	皮影戏	孙悟空
片段 2	电影	蜘蛛侠

✧ 细节分析

1）皮影戏、电影都属于影像艺术，但前者年代久，后者较前者兴起晚；

2）孙悟空、蜘蛛侠都属于英雄人物，但前者是中国的，后者是美国的。

✧ 主旨分析

此处的画面安排即“镜头语言”表现的是不同的艺术形式和内容，而导演将这一幕安排在了电影的开篇，预示接下来不同的“形式”和“内容”注定会发生一场碰撞。这也是电影开篇的巧妙之处，为之后的情节开展埋下了伏笔。

教学步骤

2. 播放第二组片段

片段 3：特写镜头——油泼面——儿子大口吃面

片段 4：中景镜头——儿媳妇喂孙子小口吃泡面

✧ 教学提示：利用道具借物寓意

片段 3	油泼面	儿子吃	中国人
片段 4	方便面	孙子吃	美国人

✧ 细节分析

1）油泼面是中国陕西的一道地方美食，对于长居外地难得回家的儿子来说，大口吃一碗油泼面无疑是一种情感释放。

2）方便面是当下十分常见的一种方便食品，具有美国血统的孙子放弃油泼面而选择方便面，鲜明地突出了孙子与中国食物及传统习俗的距离。

✧ 主旨分析

此时导演特意利用油泼面这一道具的地方性、传统性与方便面的现代感、实效性做了鲜明对比，影片开头关于“中美文化”“新旧观念”对照

教学步骤

的主题得到延续。

3. 播放第三组片段

片段 5：孙子要吃汉堡——爷爷做了“中国汉堡”

片段 6：孙子要喝牛奶——爷爷到站长处要了鲜牛奶

✧ 教学提示：利用事件推动剧情发展，同时化解了矛盾

片段 5	孙子要汉堡	爷爷找人制作中国汉堡
片段 6	孙子要喝牛奶	爷爷亲手挤鲜牛奶

✧ 细节分析

牛奶、汉堡对于美国来的孙子来说是日常食物，远在他乡对当地的风俗饮食不习惯，想要吃到家乡的味道，这是人之常情，对于这些异乡食物，爷爷只能从村里人的口中得知，并在一知半解下解决了孙子出的这两大难题，这也为之后爷孙关系的发展与变化进行了铺垫。

✧ 主旨分析

从电影中对爷爷性格的描述与呈现不难看出，爷爷是个倔老头，脾气有点“臭”，对刚来的外国孙子并不太认可，但经由解决孙子的需求这两件事又可以看出，爷爷是“刀子嘴，豆腐心”，他的心里充满了对孙子的关爱。

教学步骤

爷爷将汉堡、牛奶进行了中国化的处理，爷爷可以接受早上吃“汉堡”，孙子可以吃下爷爷找人做的“中国汉堡”，这也意味着，不同的文化可以融合，充分体现了人与人的理解与包容；而所谓“中国汉堡”，在爷爷口中，也不过就是两片面包夹肉，跟中国的传统美食“肉夹馍”大同小异，也从食物的角度显示了尽管这一老一小、一中一西，生活细节方面有差别，但只是在不同的时代和文化语境中所产生的细微差别而已，在沟通和爱架设的桥梁下，这些差别并不会成为人们相处的障碍，生活有时会因为这些区别而变得丰富有趣。

4. 播放第四组片段

片段 7：爷爷跟孙子学英文

片段 8：孙子发现了爷爷的皮影

✧ 教学提示：利用新的事件制造新矛盾，直击矛盾源头推动高潮发展

片段 7	孙子	玩皮影
片段 8	爷爷	做皮影

✧ 细节分析

一边，是与中国传统文化格格不入的美国孙子开始接受中国式的生活方式，

<table>
<tr><td>教学步骤</td><td>甚至对“皮影”这一传统艺术形式产生了兴趣；另一边，是从不让外人碰自己的宝贝“皮影”的爷爷现在亲手为孙子制作“蜘蛛侠”皮影。两人的转变体现了人物关系的递进。
✧ 主旨分析
“爷爷”这个人物有自己的矛盾线，除了“爷孙关系”这条主线外，还穿插着“是否传承皮影”的一条辅线。历史遗留的问题导致爷爷对“传承皮影”留下了阴影，对这件事有着强烈的抵触心理。而这时导演设置了“孙子夹核桃”这一场戏，无疑挑起一场激烈的冲突，爷爷骂了夹坏门的孙子，在吵闹中又踩坏了孙子心爱的“蜘蛛侠”玩具，可谓是“两败俱伤”，然而“不破不立”，这个矛盾的设置是两个人物关系的一次“大转折”，也是全片高潮的一个导火索。自此，爷爷开始坦诚面对皮影被重新提及，为了弥补孙子，他将自己的最爱和孙子的最爱相结合，做出了“蜘蛛侠皮影”，也成就了影片的高潮，爷孙关系就此修复并得以升华。影片中，爷孙两人躺在床上，在光影之中，一人手持孙悟空，一人手持蜘蛛侠，用传统皮影戏的方法进行打斗对抗，孙子问爷爷两人谁能赢，爷爷回答不需要分输赢，既是对于这两位中西文化超级英雄较量的回应，也是在更深意义上对中西文化相遇的回应。不同文化互相尊重，平等交流，共同发展，如此才能创造人与人、文化与文化、国家与国家之间的和谐、发展、繁荣景象。

二、影评分析
➢ 全班分组讨论，并根据以下评价依据，分析导演意图，并对影片做出自己的评价。
1）影片主旨
通过爷孙生活中有趣的不同，延伸到其背后“皮影孙悟空”和“电影蜘蛛侠”之间的区别和碰撞，在沟通与爱的前提下，一老一小之间产生了友谊与亲情。影片通过一个看似简单的家庭故事，向我们展现了爱与理解的可贵，呈现了文化融合与文化包容的必要性。
2）叙事手法
以“爷孙关系”为主线，同时穿插“是否传承皮影”“儿子和儿媳肩负保护藏羚羊的重任”等多条线索展开叙事，故事由传统的开始一发展一高潮一结尾的结构组成。导演善于利用道具，全篇贯穿将“中西文化”作对比的拍摄手法，首尾呼应、升华主题的同时，充满温情与幽默，对高潮处情感的处理选择了隐忍内化的方式，更打动人心。
3）影片评价
通过老杨头和美国小孩布鲁克斯，在不得不一起生活的过程中的碰撞、妥协和包容，进一步折射出两人背后不同的生活背景、文化因素，反映了人与人、社会与社会、文化与文化之间相互尊重、互相交流和加深理解的必要性。</td></tr>
<tr><td>课后活动</td><td>根据小组讨论结果，结合课堂中对镜头与导演构思的解析及自己的相关感受，撰写观后感。</td></tr>
</table>

专家点评

《孙子从美国来》又名《当孙悟空遇上蜘蛛侠》，借由中国爷爷和美国孙子的故事，阐述中西文化的碰撞和中国传统文化的传承。

故事由两条线索展开，一条是中国的空巢老人遇上美国的“留守儿童”，陕西华县皮影戏传人老杨头，因儿子和美国未婚妻前往可可西里救助藏羚羊，受托照顾跟自己没有血缘关系的小洋人“孙子”布鲁克斯。两人的生活习惯、性格喜好完全不同，甚至格格不入，影片的趣味性和娱乐性主要围绕着两人之间的冲突展开：孙子初来乍到，非汉堡和牛奶不吃，无奈之下，小卖部老板娘制作了中国汉堡，孙子吃得津津有味，而爷爷则感慨所谓汉堡不过就是把肉夹馍的馍换成面包；爷爷喜欢静，孙子上窜下跳喜欢动，孙子不小心毁坏了家门，爷爷不小心踩坏了蜘蛛侠玩具，满城遍寻蜘蛛侠赔礼道歉未果，老杨头利用自己的皮影技术，为布鲁克斯制作了一个皮影蜘蛛侠。夜深人静，一老一小躺在床上拿着皮影孙悟空和皮影蜘蛛侠玩起了游戏，争执谁更厉害，爷爷忍不住感慨，为什么要定出谁更厉害，为什么不能让他俩和平相处呢？中西方文化在祖孙两人的相处中由碰撞到融合。代表美国英雄的蜘蛛侠和代表中国传统手艺的皮影，在老杨头的手里完美结合。情感无国界，祖孙俩相通的感情才是文化融合的基础。

影片的另一条线索是镇文化站站长，一心劝说老杨头重拾皮影艺术，开班授课，因为经历浩劫受到伤害，老杨头再三拒绝，但是随着跟布鲁克斯的交往，加上站长的反复劝说，老杨头最终还是决定在新的时代肩负起自己的责任，开办皮影雕刻和皮影戏表演的培训班。皮影艺术的传承和发展，不仅让他和来自美国的孙子成为一对老少朋友，还挽回了儿子和未婚妻之间的感情，最终促成了一个美满的异国重组家庭。

第十节　包裹

影视教育课程教案	
电影名称	《包裹》
课程类型	影视整合课——美育与德育
课程主题	价值理念：爱与奉献
教学手段	影片分析—讨论反思
课程目标	分析影片，思考影片的主旨与叙事手法。
课程准备	观赏电影《包裹》
使用对象	初中 1 ~ 3 年级
影片介绍	影片以乌蒙山深处一个叫瓦岩的小山村为背景，讲述了两代乡村教师与村民、学生面对突如其来的爱心捐赠狂潮，产生了一些“幸福的烦恼”，引发一系列引人深思的感人故事。
教学重点与难点	对故事情节展开详细的梳理，分别从故事主旨、故事结构、人物分析、影片风格四个方面入手，分析影片的内涵。
教学步骤	**一、导入** “80 后”教师吴立山在网上发帖呼吁社会各界关注当地小学的学生和教育，引发了一场爱心捐赠狂潮。围绕如何分发、处理这些爱心包裹，小山村爆发了严重的冲突。 **二、影片回顾及讨论** ➢ 全班以小组为单位，分析讨论以下问题。

<table>
<tr><td>教学步骤</td><td>1. 导演想通过电影向观众传达什么？
故事主旨：爱与奉献，浸润心灵。
2. 电影通过怎样的手法来叙事的？
全片是典型的开头—发展—结尾三段式结构，运用了“包裹”与“人”两条主要叙事线平行发展的手法推动故事情节的发展；电影剧情不复杂，通过两条线索：一个个的爱心包裹和一群与包裹有联系的人，组成了电影的基本架构。
3. 人物形象分析
1）吴立山：新一代青年教师，师范学院高才生。有爱心，有理想，让我们看到中国山村教育的希望。
2）蒋老师：即将被辞退的代课乡村教师，多年来把自己奉献给了山区教育。虽然蒋老师并不能改变山村的贫困，但他对学生的爱，对瓦岩村的爱及为人处事的宽容大度，却给村民们带来潜移默化的影响，在一定程度上对村民有着深远的教育意义。
3）荞花：一个精明能干、性格泼辣、有点自私的村妇。整部戏的矛盾冲突几乎都是由她引发的，如果没有这个人物出场，就如同缺少了调味剂，剧情可能会平淡无味了。但这样一个在利益面前处处“狠争”的村妇，最终在蒋老师、小吴老师的说服下主动把那些私藏起来的好衣服送回学校。
4）王二狗：村长，富有同情心和正义感，精明干练、性情直爽。在瓦岩村抓阄分配物品时，因为谷穗妈妈的祈求，“耍心眼”照顾小谷穗；而后又对顺走衣物的荞花穷追不舍。
4. 影片风格
影片的创作风格基调定位于“原生态纪实”，以真实细腻的触角和感人温馨的画面，艺术地再现了当代贫困落后山村人们的生存状态，既无意营造崇高，也不刻意表现贫穷，将一组组真实细腻的画面呈现在观众面前。

三、影片带来的反思
影片关注贫困地区儿童教育问题，探讨了公益捐赠的合理性、公平性、科学性等问题，让人们意识到，在奉献爱心时不仅要考虑受益人的实际需求，更要关注这些捐赠可能会给受益人带来的各种影响。
当爱心包裹从四面八方涌向瓦岩村时，村民的激动兴奋可想而知，对于长期贫困的他们来说，这些包裹显得极其诱人，以至于为了这些“免费的午餐”争得不可开交，甚至大打出手。这也让我看到了想要改变贫穷，如果只是从物质方面提供帮助是远远不够的，更重要的是从教育入手，“授人以鱼不如授人以渔”。</td></tr>
<tr><td>课后活动</td><td>小组讨论：以“治愚与治贫”为主题，开展一次辩论活动。</td></tr>
</table>

活动课教案设计	
活动背景	根据电影《包裹》开展主题辩论赛
活动主题	个性发展：自信、成长、协作、探究
活动手段	“治愚与治贫”班级辩论赛
活动目的	1. 增强团队意识，培养辩证看待问题及独立思考的能力； 2. 通过辩论，对成长、学习、生活、社会热点等问题形成正确的态度。
活动对象	初中 1 ~ 3 年级
活动准备	观看电影《包裹》
活动过程	**一、导入** 2006 年年底，乌蒙山区的昭通大关县山村教师毛利辉看到学校的学生穿着破烂、单薄的衣服，冒着风雪上学，蜷缩在教室里仍瑟瑟发抖，就在网上发了名为《学生“走光”，我哭了》的帖子。这篇文章一时间吸引了无数关注，一时间，成千上万个饱含爱心的包裹从全国各地涌向这个小山村，小山村原有的和睦宁静被彻底打破了。捐赠的物品不统一，谁拿的多、谁拿的好等任何一个微小细节都会触动村民们敏感脆弱的神经，成为触发更大矛盾的导火索。 今天我们就以“治愚与治贫哪一个更重要”为议题，进行一次班级辩论赛。 **二、议题** 1. 辩题：治愚与治贫 2. 论据示例 1）正方“治愚比治贫更重要”：贫穷多是因为没有足够的知识，使人们缺少谋生的能力。贫穷并不可怕，怕的是知识不足、头脑空空，怕的是精神委顿。治愚的效果和影响比治贫更为深远。首先，治愚的持续性优于治贫，既贯穿于脱贫的整个过程中，亦贯穿于之后的致富发展中。古语说：“授之以鱼不如授之以渔。”只有摆脱了意识和思路的局限，具备谋生致富的能力，才是脱贫之本。 2）反方“治贫比治愚更重要”：“愚”是精神层面的问题；“贫”是物质层面的问题。物质是第一性的，物质决定意识，是贫穷造成了愚昧，而愚昧又反作用于贫穷，使之更加贫穷。如果物质层面的问题都得不到解决，又怎能谈及意识领域的提高呢？治贫为根，治愚为叶，根繁方能叶茂。

<table>
<tr>
<td>活动过程</td>
<td>
三、活动形式
1. 赛前准备
1）参赛人员
各参赛队中的 4 名成员，分别为主辩手、一辩手、二辩手、三辩手；亦可设一辩手、二辩手、三辩手及自由发言人等，并按此顺序，由辩论场的中央往两边排列就座。
2）辩论规则
第一，有多支参赛队参加的辩论竞赛实行淘汰赛，经过初赛、半决赛、决赛，决定优胜者；
第二，要规定正反双方 8 名辩手发言的次序；
第三，要规定发言时限。
3）活动地点
班级教室或礼堂
4）制定评分表
<table>
<tr><th colspan="5">班级辩论赛评分表</th></tr>
<tr><th>项目</th><th>名称</th><th>明细</th><th>正</th><th>反</th></tr>
<tr><td rowspan="12">团队得分（100）</td><td rowspan="5">开篇立论（15）</td><td>开篇立论逻辑清晰，言简意赅</td><td></td><td></td></tr>
<tr><td>论点明晰，论据充足，分析透彻，引证有力</td><td></td><td></td></tr>
<tr><td>论据内容丰富，引用资料恰当、准确</td><td></td><td></td></tr>
<tr><td>分析角度和层次具有说服力和逻辑性</td><td></td><td></td></tr>
<tr><td>语言表达流畅且有文采</td><td></td><td></td></tr>
<tr><td rowspan="4">攻辩辩驳（20）</td><td>表达清晰，论证合理而有力</td><td></td><td></td></tr>
<tr><td>回答问题精准、处理问题有技巧（攻、守、回避合理）</td><td></td><td></td></tr>
<tr><td>推理演绎合乎逻辑，事实引用得当</td><td></td><td></td></tr>
<tr><td>针对性强，有理有据</td><td></td><td></td></tr>
<tr><td rowspan="3">攻辩小结（10）</td><td>全面归纳对方的矛盾与差错，并作系统的反驳和攻击</td><td rowspan="3"></td><td rowspan="3"></td></tr>
<tr><td>提问简明，击中要害</td></tr>
<tr><td>辩护有理有据，说服力强</td></tr>
</table>
</td>
</tr>
</table>

活动过程	续表 （见下方评分表） 5）准备红牌、黄牌一个、电子表 / 计时器 2. 辩论赛程序 （1）主持人介绍参赛队及其所持立场； （2）各参赛队员依次进行自我介绍； （3）评委准备； （4）主持人介绍比赛程序。 1）开篇立论 分别由正反方一辩陈词立论，时间各为 3 分钟。 2）攻辩阶段 由正方二辩发问，可指定反方任意选手作答，时间为 3 分钟。 由反方二辩发问，可指定正方任意选手作答，时间为 3 分钟。 由正方三辩发问，可指定反方任意选手作答，时间为 3 分钟。 由反方三辩发问，可指定正方任意选手作答，时间为 3 分钟。 3）攻辩小结 双方二辩或三辩进行攻辩小结，时间为 1 分 30 秒。

续表

班级辩论赛评分表

项目	名称	明细	正	反
	自由辩论（15）	攻防转换有序，把握论辩主动权		
		针对对方的论点、论据进行有力反驳		
		坚守并能进一步巩固、扩大阵地		
	总结陈词（10）	全面总结本方的立场、论证，系统反驳对方的进攻，为本方辩护		
		语言表达具有说服力和逻辑性		
	语言风度（10）	用词得当、流畅		
		语调抑扬顿挫，语速适中		
		表达清晰，层次清楚，逻辑严密		
	团队配合与临场反应（20）	根据辩论队的整体形象，从辩风、整体配合、语言运用、临场反应（语言、风度、举止、表情）等方面评分		
		有团队精神，相互支持		
		论辩衔接流畅		
		反应敏捷，应对能力强		
		问答形成有机整体，有效地打击对方		

活动过程	4）自由辩论阶段 由双方辩手分别一对一进行自由辩论，辩论时间为正反方各 5 分钟。 5）总结陈词 分别由双方四辩作总结陈词，时间各为 3 分钟。 6）比赛结束，请评委代表点评本场辩论赛，并评出双方得分。 ✧ 小贴士 时间提示：攻辩阶段，每方提问、回答和攻辩总时用时届满，记时员以钟声终止发言，不做铃声提醒。其他阶段（包括攻辩小结），每方队员在用时还剩 30 秒时，记时员以短哨音提醒，用时满时，以长哨音提醒终止发言。长哨音响时，发言辩手必须停止发言，否则作违规处理。 3. 辩论细则 （1）攻辩阶段细则 1）双方攻辩阶段，此环节只能由双方二辩和三辩提问和回答，其他辩手不得代替或补充，在攻辩环节中，提问者有 30 秒时间提问，回答者将有 1 分 30 秒回答，提问的问题个数不限，提问者起立即为计时开始，坐下即为提问者计时暂停，也即为回答者的计时开始，如果一队的发言时间已经用尽，对方队还有剩余时间，则对方队的一名或多名可以继续发言，直到对方队的时间用完为止；提问应贴近辩题，不宜过分刁难；回答应针对问题，切忌答非所问。 2）攻辩时间内攻辩方要提出问题，不准自己申辩或就问题所获结果进行引申，否则算作违规。 3）答辩者应该回答攻辩方所提问题，但问题明显不合理时，说明理由后可以拒绝回答。 4）答辩者可以要求攻辩方重说问题，但不可以故意为之，否则算作违规。 5）答辩者对攻方的提问不可以反问，否则算作违规，答辩者提出反质询时，质询者可要求其停止，并拒绝回答。 （2）自由辩论阶段细则 1）在辩论时间里，每一位辩手的发言次序、时间和次数都不受限制，但是总队的发言时间不得超过 5 分钟。辩手应充分利用这段时间，加强自己的论点，反驳对方的言论，如果流于空谈，则会影响该队的成绩。 2）辩手不得提问与本场辩论赛无关的问题，如出现这种情况，在比赛结束后可提请评判团裁决提问是否成立；评判团在裁决时也应参考辩手提问的质量。 3）自由辩论时间开始时，一方的任何一位队员起立发言，在他结束发言后，另一方的任何一位队员应立即发言，双方依此程序轮流发言，直到双方时间用完为止。双方可以指定对方辩手回答，被要求回答者不得拒绝。 4）两位计时员将分别为两队计时，当一方发言完毕（以辩手落座为准），另一方的计时立即开始，辩手应尽量争取时间，在对方代表发言完毕以后，立即起立发言。

活动过程	5）当一队发言的时间只剩 30 秒时，记时员以短哨音提醒，用时满时，以长哨音提醒终止发言。长哨音响时，发言辩手必须停止发言，否则作违规处理。 6）如果一队的发言时间已经用尽，另一队还有剩余的时间，则该队的一名或多名队员可以放弃发言，也可以继续发言，直到该队的时间用完为止。 7）自由辩论是检验一个队整体配合能力及每一位辩手实力的重要阶段。辩手应充分利用这段时间，简洁明了地加强自己的论点，机智有力地反驳对方的论点，如果流于空洞无物的攻击或有意回避对方的质询及发言观点，或者出现语误、空场等情形，都将影响该队的成绩。 8）各队辩手辩论中可将资料集中在自制卡片上，发言时以备参考，但不能宣读事先已拟好的稿件或展示预先准备好的图表或字板，在自由辩论时，队员可以相互提供发言线索。 9）规程未尽事宜，另行通知。 ✧ 辩论提示：一辩主要是阐述本方观点，要具有开门见山的技巧和深入探究的能力，要能把观众带入一种论辩的氛围中，所以要求一辩具有演讲能力和感染能力。二、三辩主要是针对本方观点，与对方辩手展开激烈角逐，要求他们具有较强的逻辑思维能力和非凡的反应能力，要能抓住对方纰漏，加以揭示并反为己用，要灵活善动，幽默诙谐，带动场上气氛；四辩要能很好总结本方观点，并能加以发挥和升华，要求有激情，铿锵有力，把气氛引入另一高潮。
活动总结与反思	通过关于“治愚与治贫”的辩论，让学生思考愚昧与贫困的辩证关系，进而思考解决之道，引导学生对社会问题的关注和讨论。

专家点评

《包裹》：两次跨越时空的爱心传递

2006 年，昭通大关县山村教师毛利辉，在网络上发表名为《学生“走光”，我哭了》的帖子，短时间内从全国各地寄来的各种爱心包裹涌向这个小山村。这件事情也被 2007 年央视列入“春暖 2007・中国十件大事”之一，成为“希望工程”项目进入互联网时代的标志。

6 年后，电影《包裹》也讲述了一个爱心包裹的故事，展现了面对突如其来的大量捐赠，以及包裹发放过程中产生的矛盾，两代乡村教师与学生、村民之间发生的一系列令人深思的故事。

在影片中，观众能感受到爱心捐赠给乡村带来的改变，爱心捐赠更是真实地还原了农村现状，狭隘自私与博爱仁义的冲突在瓦岩村引起不小风波，最终凭借两代乡村教师无私的人格魅力、高尚的道德情操，消解了这场由爱心捐赠所引起的风波。

影片关怀贫困地区的儿童教育问题，舍弃以往较为主观、感性看待爱心捐赠的视角，以一种更为客观、负责的态度深刻地讨论了捐赠的合理性、分配的公平性问题，提示人们在捐赠时不仅需要考虑其实际意义与用途，更要考虑捐赠可能带来的各种影响，引发人们思考如何专业地进行公益活动，如何依托公信力高的公益组织将社会资源递送给弱势群体。

第十一节　那山　那人　那狗

影视教育课程教案	
电影名称	《那山　那人　那狗》
课程类型	影视艺术课——美育
课程主题	责任、爱
教学手段	探究与分析—思考与评价
课程目标	1. 通过影片体会人的心灵成长； 2. 对责任感有初步认识； 3. 建立真善美的价值观； 4. 引导学生对中国文化中“内隐”的美学传统与情感结构有初步体会； 5. 引导学生对中国电影的诗意传统有初步了解。
课程准备	观看电影《那山　那人　那狗》
适用对象	初中 1 ~ 3 年级
影片介绍	儿子高考落榜不得已回到大山中的家，做了大半辈子山村邮递员的父亲提前退休，安排儿子接下自己的工作。儿子上班第一天，父亲千叮咛万嘱咐仍不放心，决定带上常年陪伴左右的忠实老狗陪儿子走一趟邮路。 起初，父子两人只是默默走路。通过与长年居住在深山里的居民们的交流，两人渐渐打开话匣，对彼此有了深一层的认识和了解。秀美如画的邮路上，儿子慢慢明白了邮递员这份工作的辛劳和意义，父亲也渐渐感受到儿子的成长与家庭的深情。

教学重点与难点	分析影片，从叙事手法、影片主旨、人物关系等角度入手深入理解影片意图，在审美中实现共情；通过影片思考生活，建立正确的价值观。
教学步骤	**一、探究与分析** 1. 影片分析—审美与情感 （1）电影语言 将画面中人物融入山水的构图，小景别镜头对人物心理状态起放大作用，音乐对故事气氛进行了渲染。 （2）影片主题 父子情、职业责任 （3）矛盾冲突 ① 父子亲情之间的矛盾 影片开头展现了多年的疏离导致的陌生感，儿子认为父亲对家庭“亏欠”的怨念，以及由此产生的隔阂。父亲鲜少表达自己的爱，将大半辈子的精力用在了邮路上，邮路上陪伴左右的只有老二（狗）。通过这段送信之旅，父子消除了隔阂，重新认识了彼此，也在内心深处达成了和解。 ② 父子观念上的矛盾 儿子问：“山里的人为什么要生活在山里？”，父亲只说：“他们是神仙的后人。”父亲默默地在山路上行走，儿子喜欢听着流行歌曲行进；儿子觉得乘车送信可以更快，父亲说：“就那么几个站、几趟车，还没我准呢；邮路就是邮路，像你这么整天想着投机取巧，还跑什么邮路？”父亲问儿子是不是对黎族女孩动心了，儿子的回答却是：“我不想她像我妈一样”……父子观念的差异在一趟行走的点滴中显现出来，两代人拥有不同的思维方式，却有着同样的责任感与对生活的爱。 ③ 父子在工作选择上的矛盾 面对周而复始、异常艰苦的邮差工作，儿子一开始是抗拒的，这种抗拒源于对工作的封闭性的想象，对父亲选中自己接班的不解。但是看到村民们淳朴的期盼，他体会到了这份工作的价值；了解到父亲因为想要加快送信速度而长年趟过冰冷的河水从而落下了腿疼病，背着邮包滚下山崖也从未告诉过家人……父亲的责任心、信念与对乡亲们的善意也感染了儿子，或许会延续到他未来的职业生涯中。

教学步骤	 2. 思维导图——分析人物关系 （1）叙事主线：父子关系  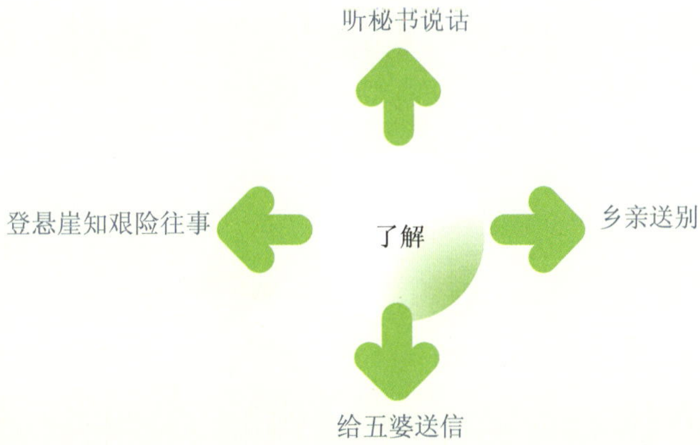

教学步骤	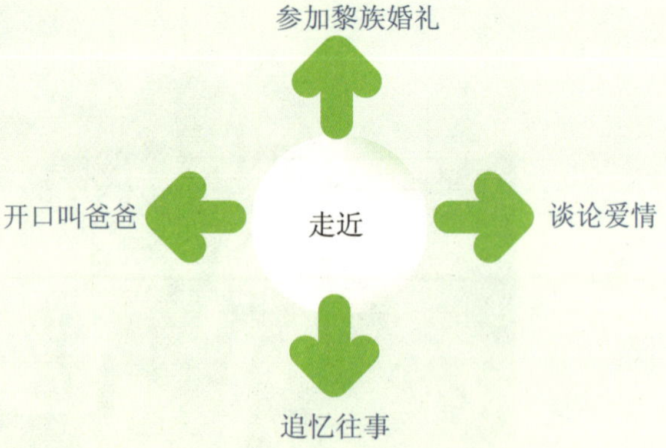  （2）穿插辅线   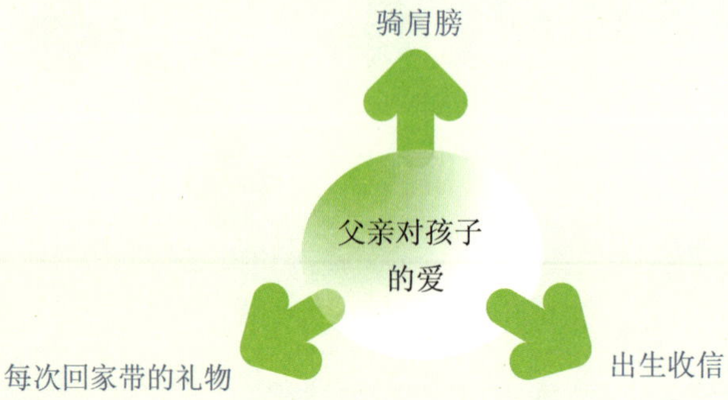

教学步骤	**二、思考与评价** 1. 影片评价 整部电影唯美而诗意，满目的绿色与温情在影像中静静流淌，仿佛一幅水墨写意的长卷、一首陶渊明或谢灵运的山水田园诗，观众身心得到涤荡，感觉神清气爽。温情而不煽情，施教而不说教，充满了对生存方式本身的哲学叩问。  其中，儿子的疑虑，不正是观影者的疑虑吗？ ——儿子：“山里人为什么住在山里？” ——母亲：“因为人住在山里，就像脚放在鞋子里那样，舒坦。” ——儿子：“乡邮员成天走那么多路不枯燥吗？” ——父亲：“有想头就不枯燥。想头，大一点说就是理想。” 2. 观后感 参考观点： （1）从影片中，我感受到了“职人”的精神，专注一件事、全身心地投入、坚持做好一件事，而不是眼高手低、心浮气躁。 （2）关于亲情、关于父母、关于爱：时间流逝，自己的成长也意味着父母的衰老；与父母之间应多一些理解、换位思考、多一份包容和善意。
课后活动	总结课堂探讨内容，每人写一篇观后感。

专家点评

一、影片主旨

导演霍建起谈到影片创作时坦陈：“我们通过这部电影要传递给观众的是父子间深沉、温馨的情感，是对青春岁月的怀念和对美好生活的向往。”与此同时，两代人的善良、敬业也深深地感染着我们。

二、艺术特色

1. 故事创意

一趟邮路，三天工作，巧妙地串起父子深情与世相人心。父亲的过往，儿子的未来，铺在同一条路上；父亲把邮路上的经验交给儿子，儿子把家里的经验交给父亲。故事饱含深情，静水深流，直抵人心。

2. 叙事视角

电影故事的讲述有三个视角：主视角是儿子的主观角度，结合儿子的旁白，主要讲述邮路上正在发生的故事；第二个视角是父亲的视角，主要在夹叙的闪回中回忆过往时光；最后是第三人称视角，对前两种视角进行补充。三种视角的结合使得故事丰富、立体起来。

3. 细节塑造人物

电影用生活化的细节塑造人物，将溢于言表的感情表现出来。半导体里的歌声，关于搭车的争论，给五婆的信，父亲嘱咐儿子过河时将邮包顶在头上，儿子背父亲过河时父亲悄悄抹去的热泪，父亲无意中发现的儿子脖子上的疤……一步步加深着我们对故事与人物的理解。

4. 自然元素的声画结合

影片抓住了湘西地区的自然风貌，呈现了极富生命力的、不同层次的绿色，由山、水元素组合成的绘画性极强的构图灵气氤氲，与流动的画面基调吻合的配乐烘托气氛，浑然一体地构建了一个唯美的纯净世界。这个世界的纯净与生活在其中的质朴的人们的精神质感是一致的。

三、启发与思考

1. 电影中儿子在背父亲过河时忆起旧事："小时候觉得我爸特高大，还担心自己什么时候才能背得动他，结果小学没毕业，个子就比他高了。"父亲也感慨地对儿子说："背得动爹，儿子就长成了。"——现在，你心目中父亲/母亲的形象和童年时有什么区别？长大成人的你是如何与他们沟通、相处的？

2. 刚刚走上邮路的儿子对父亲的坚持略表不解，父亲说这份工作有"想头"："想头，也叫理想，越苦越有想头；人有想头，就什么都有，要是没有想头，再好的日子也没滋味。"——你如何理解"想头"对一份工作、一份学业的重要性？你的"想头"

是什么？

3. 电影中父亲一辈子踏踏实实默默无闻地做实事，不图生活安逸，也不求一官半职，一趟趟地为乡亲们带来远方的温暖。在有的人眼里，他得到的很少；但在有的人心里，他又得到了很多。你怎么看？

4. 在电影的尾声，父亲道出了“子承父业”的秘密：原本父亲的接班者是可以另选他人的，但父亲恳求领导把这份工作交给儿子，因为“不交给他，又能交给谁呢？交给别人，我又不放心”。——电影中的儿子听到真相后为什么扛起邮包继续走了下去？如果是你呢？

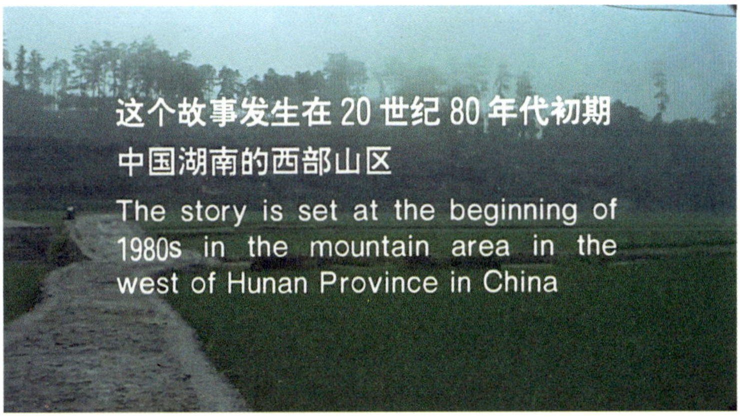

第十二节　宇宙与人

影视教育课程教案	
电影名称	《宇宙与人》
课程类型	影视整合课——美育与德育
课程主题	价值理念：环保、认识自然、理解自然 个性发展：善思、探究
教学手段	运用思维导图分析影片内容
课程目标	1. 开展宇宙探究活动，认识宇宙的结构； 2. 体会自然与生命之间的联系，培养学生热爱生命、珍惜生命的意识。
课程准备	观赏电影《宇宙与人》
使用对象	小学 2 ~ 4 年级
影片介绍	自古以来，人们对宇宙的形成、生命的起源充满了浪漫多彩的幻想，人类渴望了解茫茫宇宙，渴望了解生命的真相。影片科学地阐释了宇宙诞生、生命出现、人类起源等奥秘，形象生动地展现了宇宙与人类的起源、发展进化及二者间的相互关系，对有关宇宙诞生、生命起源、外星世界、恐龙灭绝等一系列充满神秘色彩的问题，进行了全面、形象、科学的解答。

<table>
<tr><td>教学重点</td><td>就电影情节的三段式叙事结构与两条主线平行叙事的手法展开详细的梳理。</td></tr>
<tr><td>教学难点</td><td>区分两条平行线内容，寻找关键词加以概括。</td></tr>
<tr><td>教学步骤</td><td>

一、导入

人类最深远的问题之一，就是我们是怎么样来的？是谁？该向哪里去？这些问题今天的影片都给出了解答。首先我们需要做的就是，跟随影片认识宇宙。观看影片后回答下面的问题，看看你对宇宙了解多少吧。

（1）问：在 400 年前，使人类打开认识宇宙大门的是什么发明？
答：望远镜。

（2）问：宇宙开始于多少年前的一次“大爆炸”？
答：150 亿前年。

（3）问：5 亿年前地球上发生了哪件重大事件？
答：生命大爆炸。

（4）问：生命存在的最重要条件是什么？
答：水。

二、思维导图

1. 影片运用了“宇宙”与“生命”两条主线平行发展的手法推动情节的发展。我们将根据影片的两条主线，按照事先准备好的流程框架整理思路，分析“宇宙与人”的关系。

2. 根据“宇宙发展”与“生命起源”两条线搭建流程框架，并请学生在电影中寻找关键内容进行填空。

（1）宇宙发展

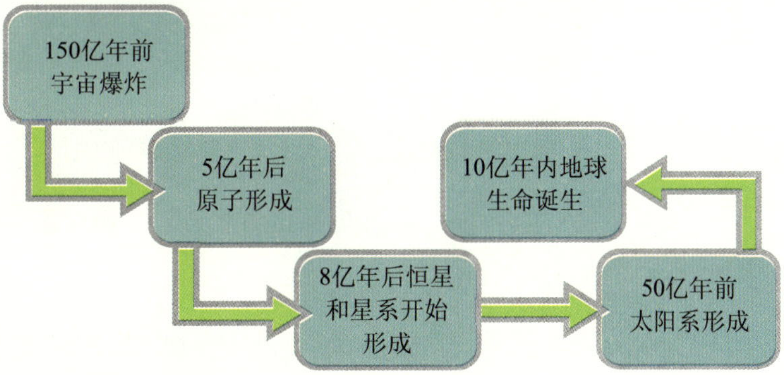

➢ 电影知识延伸

宇宙中的四种力决定了宇宙的一切。

1）强力：强力是宇宙四种力中最强的，它存在于强子之中，核能就是靠它产生的。但强力只在原子核的直径范围起作用，所以，产生核能就必须让它们相互接触，也就是核聚变。

</td></tr>
</table>

<table>
<tr>
<td>教学步骤</td>
<td>

2）弱力：弱力能使质子衰变成中子，核聚变必须有中子，并释放出射线，弱力是核聚变不可缺少的。

3）电磁力：核聚变的发生，关键在于电磁力，它比强力弱，延伸远。一般情况下强力被电磁力封闭着，如果突破不了电磁力，就不会有核聚变。其实电磁力是一种非常温和且美好的力，它天生就有正和负，永远不会过分，所谓阴阳生万物，它构成了宇宙中最丰富的物质演化，包括生命。

4）引力：是我们最熟知，也是最弱的力，在单个原子中比电磁力弱几万万亿倍，但宇宙对它几乎没有限制，因此它将会以多胜少。

四种“力”的相互配合，最终诞生了宇宙：当一个物体质量巨大的时候，每个原子的引力都向中心塌缩并输送压力和热量，而由于质量巨大，它的引力就可以积累到极高的温度，温度越高，原子核运动速度越快，当达到 1000 万摄氏度时，原子核的电磁力将无法阻挡高速奔跑的原子核相互碰撞的力量，于是原子核的强力终于在瞬间结合并让物质释放出巨大能量，最终产生核聚变，这就是太阳及宇宙中所有恒星诞生的方式。

（2）生命起源

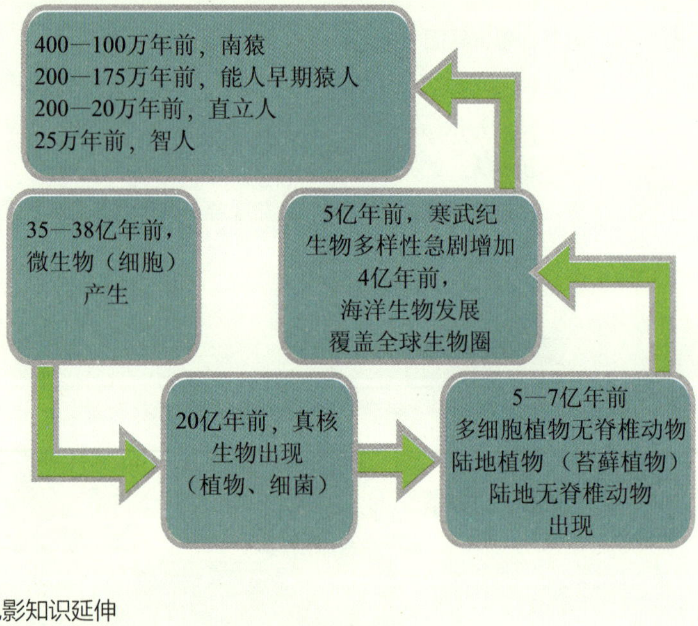

➢ 电影知识延伸

人类的起源：宇宙中的核子结合产生核聚变，形成了基因，基因也是一切生命的起源。

3. 影片内涵

宇宙孕育了地球，地球孕育了人类。在宇宙中，像地球这样具备生命产生条件的星球是十分稀少的，至今发现的也只有地球。而在地球上数以万计的生命中，只有人类进化出了智慧。经过了几十亿年的发展变化，现在的地球正处

</td>
</tr>
</table>

教学步骤	于最稳定的运转时期：大气层挡住了有害的射线，让温暖的阳光照耀大地；月亮长期的公转减慢了地球的自转速度，使得地球每天都有 24 小时，正如影片中所说，“月亮给了我们足够做美梦的时间”。 影片中运用了大量三维动画技术，把抽象的宇宙概念形象地展现出来。在 15 分钟的实景画面中，选用了许多色彩艳丽的自然风光及人文景观，大多采用快镜头的拍摄方法，与三维动画相结合，让人从宇宙的角度看待岁月的流逝、空间的转移，给人强烈的时空感、沧桑感。 影片中有这样一组画面，所有的生物，按时间顺序渐次出现在一级一级的阶梯上。阶梯旋转、镜头升高，在音乐缓缓达到高潮时，人类出现在了阶梯的顶层，顿时让人感到心潮澎湃，感到人类珍惜生命、爱护地球的责任与使命，这也是作者想要通过影片告诉我们的。 **三、人与地球——珍惜生命、保护地球** 1. 生命之源 地球在形成之初是没有生命的，生命起源和进化过程是在原始地球条件下开始的。当时，地球表面温度已经降低，但内部温度仍然很高，火山活动极为频繁，从火山内部喷出的气体，形成了原始大气，原始大气的主要成分有甲烷、氨、水蒸气、氢，此外还有硫化氢和氰化氢，这些气体在大自然不断产生的宇宙射线、紫外线、闪电等的作用下，合成氨基酸、核苷酸、单糖等一系列比较简单的有机小分子物质。后来，地球的温度进一步降低，这些有机小分子物质又随着雨水，落入湖泊和河流中，最后汇入原始海洋。 在原始海洋中，氨基酸、核苷酸等有机小分子物质，经过长期积累，相互作用，在适当条件下通过缩合作用或聚合作用，形成了原始的蛋白质分子和核酸分子。经过漫长的时间，蛋白质和核酸这两大主要成分相互作用，终于形成具有原始新陈代谢作用和能够进行繁殖的原始生命。 因此，我们的生命起源于原始海洋。 2. 保护生命之源 科学家已经证实：白色垃圾是不能被大自然所分解的。所谓白色垃圾就是泡沫、塑料制品等。而这些白色垃圾在我们的日常生活中随处可见，如饭盒、塑料袋、吸管。这些生活中随处可见的垃圾也在慢慢侵蚀着我们的生命起源地——海洋。 我们的海洋现在充斥着各种塑料垃圾。海洋中的塑料垃圾主要有三个来源，一是暴风雨把陆地上掩埋的塑料垃圾冲到大海里；二是海运业中的少数人缺乏环保意识，将塑料垃圾倒入海中；三是各种海损事故，货船在海上遇到风暴，甲板上的集装箱掉到海里，其中的塑料制品就会成为海上“流浪者”。 我们所消耗的每一片塑料，都有可能流入大海。如果再不采取措施的话，海洋将无法负荷，而人类也终将无法生存。

教学步骤	也许，保护宇宙是我们力所不能及的，但是，保护地球是我们应该做的，也是我们能做的，更是我们必须做的。
课后活动	1. 小组讨论，请根据你自身的看法，结合小组意见，以“保护海洋（地球），减少白色污染”为主题，开展相关讨论、实践活动。 2. 每人完成一幅关于《宇宙与人》影片的思维导图，格式不限，画风不限，要求找准关键词，情节脉络要梳理清晰。

专家点评

图 1　介绍宇宙中的四种力：强力、弱力、引力和电磁力

图 2　构想未来宇宙空间站

《宇宙与人》是一部优秀的国产科普影片，在科学知识的权威性和讲述方式的趣味性方面实现了很好的平衡。影片通过层层递进的问题，将宇宙的物质本质、起源与发展、生命与结构和人类的诞生等知识串联在一起，编织出了清晰简明的科学知识谱系。拟

人化的比喻是影片提出并解决问题的重要策略。影片将四川三星堆出土的青铜器文物中被夸张表现的眼睛形象与望远镜进行类比，由此展开了一系列拟人化的问答。从健身锻炼的原理到宇宙四种力（强力、弱力、电磁力和引力）的介绍，从坚强的母亲和人类身体的介绍到宇宙大爆炸、引力保护伞和恐龙时代的讲述，从高僧对云与风相对运动的智慧回答到宇宙相对论的前沿认知，影片始终把握着拟人化类比的主线。该策略一方面提升了科普影片由浅入深的知识讲述能力，另一方面也寄托着影片希望在观众心中树立起敏锐的人文关怀的宗旨。正如影片所提到的，宇宙秘密的核心是在纯粹的物质世界创造出了智能，然而，如何延续并守护好这份宇宙馈赠给人类的礼物，就需要我们高度关注精神道德准则的建设。因此，除了理解宇宙的来龙去脉之外，对未知的好奇、对生命的敬畏和面对困难的勇气也是影片希望我们领悟和掌握的生存智慧，而这些智慧的获取又离不开自我心中的人文关怀。

第十三节　天赐

影视教育课程教案	
电影名称	《天赐》
课程类型	影视整合课——德育与美育
课程主题	价值理念：感恩、保护环境、爱护动物 个性发展：自立、勤劳、善良
教学手段	影片分析—分享讨论
课程目标	1. 通过观影了解自然界动物的生存环境，培养对于自然和动物的保护意识； 2. 深入探讨“生命、生长、生活”的意义。
课程准备	观赏电影《天赐》
适用对象	小学 5 ~ 6 年级 初中 1 ~ 3 年级
影片介绍	影片讲述了一只黑尾鸥由出生到长大的艰难历程，在这期间它经历了丧父之痛、失兄之痛，直到最后失去母亲成为孤儿，在生与死的边缘挣扎。
教学重点	带领学生解读影片的内涵，帮助学生建立对自然万物应有的敬畏心理。
教学难点	引导学生展开对鸟类命运的探讨，以及对人类生命和意义的思考。

教学步骤

一、导入

《天赐》是一个有关鸟类成长的故事。观影后相信同学们都有了自己的感悟，今天我们就一起来探讨影片的内涵与意义。

二、影片分析

1. 有关纪录片

➢ 大家都知道这是一部有关黑尾鸥真实生存状态的纪录片，同学们对于纪录片的认识有多少呢？

纪录片是以真实生活为创作素材，以真人真事为表现对象，纪录片以展现真实为本质，并用真实引发人们思考的艺术形式。

这部影片是整个摄制组在孤岛历时 7 年拍摄、3 年后期制作而成的“中国首部原生态鸟类”纪录片。

2. 有关影片的主旨与意义

（1）电影的主旨

影片导演说道：“我们在海中的孤岛上拍摄黑尾鸥有七年之久，而黑尾鸥在这些岛上繁衍生息已不知有几千万年了。七年零距离地融入黑尾鸥的世界，我们找回了对生灵应有的尊重和对自然应有的敬畏。生存很残酷，生命很脆弱，生命很顽强，生命还很美好……”

如果说《帝企鹅日记》是关于鸟的史诗，《迁徙的鸟》是关于飞翔的赞美诗，那么《天赐》就是鸟类世界的《活着》。

“七年后的今天，当我们有机会将这一切变成电影，我们庆幸，庆幸自己的坚持并非毫无价值。《天赐》是关于黑尾鸥的电影，也是关于生命、生存、生长、生活的电影，在电影里，我们只说鸟，不说人。”

（2）影片分析

这是一部有关生命、生长、生活的电影，它真实客观地反映了生命在自然界是如何的脆弱渺小，但面对自然界弱肉强食的“逆境”时又是如何的顽强。每一个生命都值得我们尊重。同样脆弱、渺小的我们——人类应对大自然

<table>
<tr>
<td>教学步骤</td>
<td>
保有敬畏之心。
导演提到了“我们只说鸟，不说人”，可我们纵观全片会发现，影片无处不“喻人”，处处都渗透着“人性”色彩，我们完全可以从小小的黑尾鸥的成长历程看尽“人的一生”。借此，我们便更加能够体会到影片传达的情感：关于“爱”的解读，关于“成长”的探索，关于“生命”存在的意义之思考。

三、分享讨论
1. 话题引出
导演说，“天赐”的理想就是平凡地活着，有着平凡的快乐和幸福，然后有一个平凡的家生儿育女，但它平凡的愿望，最后可能只是一种奢望。
为什么“平凡地活着”最后可能是一种奢望呢？导演所谓“平凡”又是什么意思？
2. 分组讨论
➢ 全班分成若干小组共同讨论以下问题。
（1）结合电影讨论为什么“平凡地活着”可能是一种奢望？
（2）结合实际生活，说说你对“什么是平凡”的理解。
（3）你向往的生活是什么样的？
✧ 注：我们以“平凡地活着”为切入点，旨在引导学生深入思考人生的价值与意义，以及应以何种态度面对生活。
平凡地活着看似简单，可想要实现却要经历重重的逆境，对一些人有时甚至可能是一种奢望。而提倡“平凡”的生活也并非是要误导学生，摒弃应有的努力追寻人生理想，抑或是放弃与逆境抗争的坚强斗志，推崇所谓得过且过的生活态度；而是提倡抱有一颗平常心，提升对于“平凡”的人生、“平凡”的家庭、“平凡”的自我的一种自我认知与悦纳；形成不因碌碌无为而悔恨，不因好高骛远而盲从，做人做事始终都保有一颗平常心的处世心态，在有限的实际条件下，尽自己的最大努力，活成自己最快乐的模样！
</td>
</tr>
<tr>
<td>课后活动</td>
<td>以“平凡地活着”为主题，组织学生开展“如何使平凡变得有意义”的生活习惯养成活动。</td>
</tr>
</table>

专家点评

1. 电影制作过程中遇到了什么困难？

《天赐》是一部野生动物题材的纪录片，在制作时面临很大的困难：第一，拍摄周期很长，很难争取到足够的拍摄资金的支持。影片总共花费了 7 年时间，投入了大量的精力与资金。第二，拍摄过程中，动物不会配合人的想法，拍摄需要付出极大的耐心，大部分时间都是孤独的等待。总之，《天赐》电影精彩的背后是创作者极其艰苦的付出。

2. 电影在艺术表达上有什么特点？

《天赐》很好看，这与创作者的艺术表达手法有关，首先，影片通过拟人化的旁白，将零散的素材串联起来，小黑尾鸥的命运，通过儿童的旁白直观地表达出来，能使观众产生强烈的共鸣；其次，背景音乐的使用丰富了影片的情感表达，舒缓的音乐表现了小黑尾鸥成长的温馨，急促的音乐则烘托出小黑尾鸥的艰难处境，故事在美妙的音符中娓娓道来；最后，电影剪辑也很有特点，导演将小黑尾鸥的成长过程与父亲、大哥与二哥的死亡段落交叉剪辑在一起，使故事情节一波三折，跌宕起伏，引人入胜。

3. 电影讲述了什么样的主题？

电影讲述了山东威海一座小岛上小黑尾鸥与命运抗争的故事。小黑尾鸥的故事告诉我们，成长是痛苦的，命运是残酷的，小朋友面对生活要有警惕性与自我保护意识，只有不断地独立和强大，才能展翅高飞。

3

第三章

多元影像美学

第一节　小蝌蚪找妈妈

影视教育课程教案	
电影名称	《小蝌蚪找妈妈》
课程类型	影视艺术课—美育
课程主题	艺术技能：理解力与想象力
教学手段	看图说故事—图画故事编创
课程目标	1. 分析电影画面，提升学生对画面的理解力； 2. 通过联想与想象练习，提升学生想象力与口语表达能力。
课程准备	观赏电影《小蝌蚪找妈妈》
适用对象	小学 1 ~ 3 年级
影片介绍	青蛙妈妈产下的宝宝们慢慢长出尾巴变成一群小蝌蚪，它们在水塘边游啊游，遇到两只小鸡，很快成了好朋友。小鸡和妈妈的亲密让小蝌蚪们羡慕不已，它们决定去找自己的妈妈。路上，它们从虾爷爷那里知道了妈妈的模样，以为能顺顺利利地找到妈妈，可是找的过程却一再发生各种误会……
教学重点	利用图片回顾剧情，帮助记忆与理解。
教学难点	打乱图片顺序，发挥想象力设计新情节。

<table>
<tr>
<td>教学步骤</td>
<td>

一、分组讨论

1. 通过观看影片截图，解读单幅画面内容。

</td>
</tr>
</table>

教学步骤	2.《小蝌蚪找妈妈》讲述了一个什么样的故事? 1）通过对单幅截图的解读，回顾影片内容。（以影片台词作为参考复述情节） 小池塘的水清又清，小池塘里发生了一件小事情。 青蛙妈妈生下小宝宝，青蛙妈妈乐得呱呱呱呱叫。 小宝宝一群群，青蛙妈妈爱他们，就像我们的妈妈爱我们。 微风吹呀阳光照，小宝宝一动一动动起来了，一会往下沉一会往上漂。 沉啊沉啊沉过水底，漂啊漂啊漂过水草。 瞧啊瞧，小宝宝长出了小尾巴，这就是小青蛙了吗? 不还早着呢！它们叫作小蝌蚪！ 摆着尾巴水里游，游啊游啊游。 叽叽叽叽叽叽叽，岸上来了两只小鸡。 你们说他们谁是哥哥谁是弟弟? 小蝌蚪不认得小鸡，小鸡也不认得小蝌蚪。 它们说话又点头，马上成了好朋友。 咯咯咯咯咯咯，鸡妈妈来找小鸡了。 这个叫妈妈好，那个叫好妈妈，小蝌蚪你问我我问你。 我们的妈妈呢？我们的妈妈在哪里？走我们一起去寻找妈妈去！ 游啊游游啊游，妈妈会不会在这里? 哎呀没有没有，这里那里都没有。 瞧那边谁来了? 虾公公弯着腰，小蝌蚪问他："我们的妈妈在哪您知道？" 虾公公胡子长，小蝌蚪问他："我们的妈妈是个什么样？" 你们的妈妈呀！喏，长着两只大眼睛！ 刚才我还见过她，快快游去亲一亲！ 小蝌蚪不发愁，一心一意找妈妈，加把劲往前游。

教学步骤	青蛙妈妈跳啊跳，回家看看小宝宝！ 小宝宝有没有长出小尾巴，我该教它们游水了！ 糟了糟了，糟了糟了，小宝宝全都不见了。 小蝌蚪记住虾公公的话，大眼睛就是妈妈。 它们看见金鱼就叫起来，妈妈妈妈好妈妈！ 错了错了叫错了，我可不是你们的妈妈。 你们的妈妈有个白肚皮，好孩子你们再去找找吧。 小蝌蚪记住金鱼的话，白肚皮是妈妈。 它们看见螃蟹的肚皮就叫起来，妈妈妈妈好妈妈！ 错了错了叫错了，我怎么成了你们的妈妈？ 你们的妈妈只有四条腿，你们看我有多少条腿啊？ 呱呱呱呱呱呱，谁呀谁呀？出了什么事了？ 哎呀哎呀，你钻到乱草里来干嘛？ 我找我的小宝宝，我的小宝宝不见了。 它们刚才游过去，你快快赶上去吧！ 小蝌蚪记住螃蟹的话，四条腿是妈妈。 他们看见乌龟就叫妈妈，妈妈妈妈好妈妈！ 小乌龟一听就着急了，她是我的好妈妈。 你们瞧我是他的孩子，她是我的妈妈。 孩子和妈妈总是一个样的嘛！ 小蝌蚪不发愁，一心一意找妈妈，再加把劲往前游。 一游游到池塘地，一钻钻到石缝里，看见大鲇鱼正在午睡呢 你看我我看你，它跟我们一样的。 原来妈妈在这里，妈妈妈妈好妈妈。

<table>
<tr>
<td>教学步骤</td>
<td>
鲇鱼给吵醒心里好生气，尾巴一摇又一摆，它的样子真凶呢。
哼！谁家小孩子，哎呀真顽皮。

干吗你要吓唬人，它们是我的小宝宝。
鲇鱼一听眯眯笑，笑的胡子往上翘。
请你千万别见怪，我跟他们开个玩笑。

乖宝宝好宝宝，你们把妈妈急坏了。
累了吧饿了吧，跟着妈妈快回家。

诶！诶！大眼睛白肚皮。
不多不少四条腿，怎么我们跟她不像呢？

好宝宝乖宝宝，你们长大就像了。
妈妈妈妈好妈妈！妈妈给我们找到了！

小蝌蚪乐悠悠，跟着妈妈游啊游。
小蝌蚪长大了，换个名字叫青蛙。
小青蛙志气大，要吃尽害虫保庄稼，呱呱呱呱呱呱！

2）将解读后的截图进行正确排序，并完整复述影片剧情。

</td>
</tr>
</table>

教学步骤	  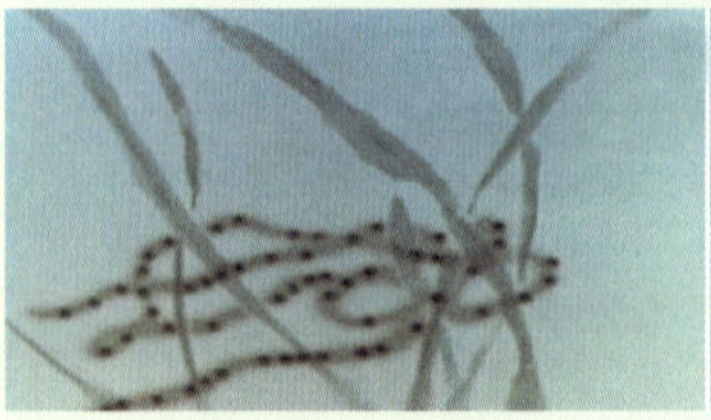    **二、创编故事** 1. 重新组合图片顺序，分小组讨论创意故事。 1）由教师提供图片； 2）学生发挥想象进行创编。 2. 通过图片展示与语言表述的形式，分组呈现各组的创意故事。 1）各小组指定一名代表上台展示图片，同时讲出创编的故事内容； 2）一组展示，其余组聆听后点评，教师辅助； 3）教师帮助完善故事内容，每组内容经讨论与修改后可形成文字。
课后活动	自己找 10 幅图片，发挥想象力进行排序并解读，创编一个故事。

专家点评

作为中国水墨动画的开山鼻祖，动画片《小蝌蚪找妈妈》是 1960 年上海美术电影制片厂制作的中国首部水墨风格的动画片。《小蝌蚪找妈妈》一经问世，就成了中国动画电影史上的一座里程碑。

这群小蝌蚪因为看到小鸡有妈妈，便开始寻找自己的妈妈，可是又不知道妈妈长什么样子，通过沿路遇到的各种各样的动物，终于完整地了解了妈妈的形象。影片将青蛙的生理特点融入故事中，向观众介绍了青蛙这个大眼睛、白肚皮、四条腿、吃害虫、保庄稼的好朋友。小蝌蚪们虽然再三误认，但是没有气馁，最终认出了青蛙妈妈。整部动画片意趣盎然，没有枯燥说教，而是在小蝌蚪一再犯错的幽默叙事中，寓教于乐。

在艺术风格上，《小蝌蚪找妈妈》开创了中国水墨动画的美学风格，在动画电影中呈现了意境悠远的墨彩形象，构图之间尽显中国传统绘画的美学特色，在动静之间实现了墨韵流动的独特美感。

第二节　妈妈咪鸭

影视教育课程教案	
电影名称	《妈妈咪鸭》
课程类型	影视整合课——美育与德育
课程主题	责任、成长与爱
教学手段	讨论分析影片—知识延伸
课程目标	通过对影片的分析，思考探究影片的主旨。
课程准备	观赏电影《妈妈咪鸭》
使用对象	小学 1 ~ 2 年级
影片介绍	往南方迁徙的途中，桀骜不驯爱捣乱的“最棒飞行家”大雁大鹏和他的女友晶晶嬉戏时不慎撞散了一群赶路的小鸭子。不服管教的大鹏决定单飞，不得已和两只落单的小鸭子淘淘、甜甜组成了“临时父子档”，踏上了寻亲和南迁之旅。他们经历了一连串惊险、刺激又有趣的冒险。划过壮美的梯田，爬过冷峻的山脉，遇上好心收留他们的母鸡和公鸡、搭乘春运卡车的猪群、有着“半瓶子”中医技能的松鼠。路途中要时刻应付想吃掉他们的恶猫，还险些成为“盘中烤鸭”。大鹏与淘淘姐弟俩的命运紧紧关联，孤傲的大鹏也逐渐学会了承担责任与付出耐心。最后，焕然一新的大鹏得到了晶晶的原谅，和两只小鸭子组成了爱意满满的小家庭。
教学重点	从故事主旨、故事结构、人物形象、画风特效四个方面入手，带领学生深入思考影片内涵。

教学难点	通过故事结构分析影片的叙事手法。
教学步骤	**一、导入** 在生活中，每个人都担负着不同的责任，责任可以来自对他人的承诺、分配的任务、职业要求、传统习俗、道德原则，想一想在你的身上都担负着哪些责任呢？ **二、影片回顾及讨论** 全班以小组为单位，分析讨论以下问题： 1. 导演想通过电影向观众传达什么？ 故事主旨：“勇敢承担，爱与成长”。 2. 导演利用了哪些专业手段完成叙事？ 电影的剧情基本就是好莱坞动画电影以个人成长为主题的类型化叙事，讲述主角大鹏与落单的小鸭子淘淘、憨憨成为旅伴，一路寻亲和南迁的冒险之旅，是典型的公路历险片式的情节安排。以线性叙事方式为主，单一的时间流程与多元的空间流程组合的结构。 公路片的概念起源于美国，主要是通过旅途中的故事反映人生，主角一般在旅程中寻找自我，旅行经历几乎贯穿全片。 （1）人物形象 ① 影片主角大鹏，是典型的叛逆青年的形象，他因为自己的任性、骄傲，不拘管束离队单飞，而导致翅膀受伤。与两只小鸭子组成“临时父子”搭档结伴南迁，就像同学们在成长中因为不听劝阻遇到挫折一般。 ② 影片中淘淘、憨憨是两个可爱的“熊孩子”，姐姐少年老成，面对任何事情都能冷静理智地思考判断；弟弟单纯、善良、天真，无条件地信任“妈妈”大鹏。表面上是大鹏照顾着姐弟，实际上是两只小鸭子一点一点拨开大鹏的伪装，帮助大鹏成长，也让观众看到他内心的脆弱。 ③ 影片将众多动物形象进行了拟人化处理，鲜明生动。“人格分裂”的猫，黑红两只不同颜色的眼睛转换着不同的性格，一会残忍冷酷，一会阴险贪婪。剧中也有不少正面角色，大鹏的爱人晶晶，善良热情，活泼天真；雁群的领头兵叔，看似严肃古板，实际上如慈父一般，保护着他的族群；其他的动物，如松鼠、乌龟、鸡等，有的憨厚老实，有的调皮捣蛋，各具特色。 （2）画风特效 电影融合了中国传统山水画的画风，一望无际的梯田、唯美的山川湖泊、夕阳下的桃花源，画面如梦境般唯美，让人领略到中国传统山水画的魅力。 影片在很多细节中切合时宜地融入了不少中国元素，从中医到北京烤鸭，从秀丽的桂林山水到八达岭长城，随处可见的中国元素为电影增添了不少东方神韵。

教学步骤	3. 请指出本片令你印象最深刻的部分，说一说原因。（本部分由学生自由发挥，分享感受） 电影结尾部分有一幕让我非常感动，大鹏救出两只小鸭子，负伤越过雪山后晕倒在雪地里，小鸭子们担心地叫醒大鹏，大鹏劝说两只小鸭子先走，但是小鸭子们没有舍弃大鹏。他们托起大鹏沉重的身体，终于在暴风雪中飞起来。让我想起当妈妈生病时，孩子照顾妈妈的情景，暖暖的温情与浓浓的爱蔓延开来。 **三、知识延伸** 每到秋天，北方的气候不再适合大雁生存，大雁便会飞往温暖的南方。还记得影片中，兵叔拔下的一根羽毛随风飘走，兵叔说这表示冬天快要来临，大雁无法抵御冬季的严寒，他们必须在冬季来临之前结伴南飞。 ➢ 根据“大雁南飞”的特性，全班以小组为单位，查阅资料，完成以下问题。 （1）大雁为什么要南飞? 每到秋天，北方的严寒不再适合大雁生存，大雁便会飞往温暖的南方。 （2）大雁为什么排成人字形飞行? 人字形飞行可以降低风的阻力，在旅途中节省力气。 （3）大雁南飞的过程中是怎么判断方向的? 大雁可以凭借地磁、太阳和星星辨别方向，也可以依靠风向、温度。 （4）大雁的飞行速度是多少? 大雁每小时能飞 68 ~ 90 千米。 （5）大雁的家在哪里，它们向南会飞到哪里去? 每当秋冬季节，大雁就从老家西伯利亚一带，成群结队、浩浩荡荡地飞到我国的南方过冬。第二年春天，它们经过长途旅行，再回到西伯利亚产蛋繁殖。
课后活动	以“候鸟迁徙”为主题，查阅资料，记录迁徙鸟类的种类与路线，开展一次探究活动。选取影片精彩片段改编成舞台剧。

专家点评

《妈妈咪鸭》是一部合家欢式的公路片，通过“最棒飞行家”大鹏带着淘淘、憇憇迁徙途中经历的一系列冒险的故事，告诉大家成长过程中团结一致与担负责任的重要性。

影片大鹏的角色设置极富教育意义。大雁大鹏从小就是孤儿，有着很好的飞行技术，他骄傲地拒绝着雁群整体南迁的安排，在与两只小鸭子结伴而行的过程中，慢慢体会到了所应承担的责任与义务，最终变成了一只有担当的大雁。正如影片的台词："如果你把人生始终当成一场比赛，到最后，你会发现只剩下自己一个人；你会错过很多人，爱你的人、关心你的人，爱人和亲人。"关爱是相互的，有朋友、亲人的陪伴，团结一致，互相帮助，才能抵达幸福的彼岸。

第三节　宝莲灯

影视教育课程教案	
电影名称	《宝莲灯》
课程类型	影视整合课——美育和德育
课程主题	价值理念：坚毅 个性发展：勇敢、坚强
教学手段	影片分析—知识延伸
课程目标	1. 学习沉香的坚强，培养学生不畏艰险、持之以恒的精神。 2. 引导学生分析影片，思考探究影片的主旨，提高鉴赏能力。
课程准备	观看《宝莲灯》
适用对象	小学 1 ～ 3 年级
影片介绍	天宫中的三圣母爱上了人间的书生刘彦昌。不顾哥哥二郎神的反对，三圣母带着神器宝莲灯私自下凡与刘彦昌私订终身并生下一子取名沉香。平静、幸福的七年很快就过去了，有一天二郎神突然下凡，用小沉香胁迫三圣母交出宝莲灯，并将三圣母压在华山下。一个美好的家庭由此破碎。沉香从土地神口中知道了自己的身世，为了夺回宝莲灯，救出母亲，踏上了艰辛的寻母之路。多年的磨炼，让沉香成长为一个英勇的少年，并在孙悟空的点拨下，获得一把神斧，最终沉香与宝莲灯合二为一，战胜二郎神，劈开华山，救出了母亲。

<table>
<tr><td>教学重点</td><td>学习解读分析影片，从故事主旨、故事结构、色彩构图、画风特效、语言运用五个方面入手，感受影片所传递的精神。</td></tr>
<tr><td>教学难点</td><td>借助影片立意，培养学生勇敢坚强的品质。通过分析影片，剖析主题，理解影片内涵与导演处理手法。</td></tr>
<tr><td>教学步骤</td><td>一、导入
《宝莲灯》这个故事来自我国古代的神话传说。作为动画电影，《宝莲灯》并不是简简单单要表现历经千难万险去救母的过程，而是强调一种品质。沉香只是一个凡人，可是他却要与天神斗，没有一点点的畏惧，而是充满勇气，坦然地去迎接挑战。我们在面对困难的时候就是需要这样一种勇气。
想一想你在生活中遇到过哪些困难，都是如何解决的呢？

二、影片回顾及讨论
➢ 全班以小组为单位，分析讨论以下问题。
1. 导演想通过电影向观众传达什么？
故事主旨：“历经艰险，劈山救母”。
2. 电影是通过怎样的手法来进行叙事的？
全片是典型的开头—发展—结尾三段式结构，运用了“反抗”与“成长”两条主要叙事线平行推进的手法推动故事情节的发展，两条故事线以主角沉香作为连接点，一是沉香救母，二是对抗舅舅二郎神。二郎神是沉香救母的最大障碍，其代表的是掌握权力者和统治者，沉香既要反抗强权又要追求人伦救出母亲。
3. 导演运用了哪些手法来呈现？
（1）色彩构图
在故事的开篇，影片运用“暖色”，凸显出沉香母子的亲情，营造出和谐、柔和的气氛；而在二郎神出现的画面中，色调开始变得灰暗，造成压抑、沉重的氛围，使观众产生恐惧、厌恶的心理。
（2）画风特效
影片无论是故事情节、人物造型，还是建筑风格，都突出强烈的中国元素。
影片以 3DCG 特效 +2D 人物制作为主，同时融入了中国水墨画的元素。而这种综合风格并不显得生硬，反而给观众营造出一种神话的意境。
（3）语言的运用
《宝莲灯》极其注重人物性格的塑造，语言准确、生动，不同的角色有着不同的语言风格。
例如，孙悟空的语言是极具特色的，“苦乐自知，福祸自省”“小忍成仁，大忍成佛”，凸显出人物的身份，而后“你怎么知道我没有妈妈，没有妈妈怎么有我，都说我是从石头缝里蹦出来的……”“可不挠痒了，还叫什么猴呀”这样的语言</td></tr>
</table>

教学步骤	诙谐幽默，又表现出人物的特点。 土地公在沉香手上留下的“精诚所至，金石为开”，孙悟空说的“芯在灯中，人在芯中，人芯合一”，都颇有佛教偈语的味道，但影片中同时也有“没虱子哪里是猴子”“不打得你满脸桃花开，你就不知道花儿为什么这样红”这样的嬉笑怒骂、插科打诨。 **三、知识延伸** 哮天犬真的会吃月亮吗？现实生活中月亮“被吃”是什么原理呢？ 天狗食月的天文现象又被称为“月食”。当月球运行到地球的阴影部分时，来自太阳的光线会被地球所遮蔽，此时的太阳、地球、月亮几乎在同一条直线上，就会产生月食现象。月食分为月偏食、月全食、半影月食三种。所谓哮天犬吃月亮，只是月食现象。 同理，当月球运行到太阳和地球中间，三者处在同一直线时，月球会挡住太阳的光线，在地球上会看到太阳的黑影，这时所产生的是日食现象。
课后活动	总结课堂讨论的内容，从影片的主题、呈现手法、导演意图等几个方面来具体分析这部电影。

专家点评

《宝莲灯》改编自我国古代民间传说《沉香劈山救母》，是中国动画电影一部里程碑式的作品，采用了经典的线性叙事模式。影片的故事情节虽脱胎于民间传说，但编导为适合广大观众的胃口做了大量扩充和改编，整个情节紧凑、精彩。

《宝莲灯》在 20 世纪末期探索了动画电影艺术性与商业性的统一。其中电影配乐是实现商业性的重要环节。近 85 分钟的影片中，背景音乐占据了很大的分量，令人印象深刻的插曲有《想你的 365 天》《天地在我心》《爱就一个字》等，恰如其分地促进了叙事、烘托了氛围、奠定了情感基调，插曲后来被广泛传唱更是提高了电影的知名度。

影片较早运用三维动画技术，特别是序幕中利用 2D 与 3D 相结合的技术和流畅的运动镜头营造出立体的空间效果与恢弘的气势，让人印象深刻。在人物设计上，无论是沉香还是三圣母，均不失古典人物画中的人物造型风格。

虽然《宝莲灯》在技术和艺术上都进行了大量的突破，但其对于人物的刻画还存在不可否认的漏洞。影片的人物设置较为扁平，除了充满爱心、乐于助人、“高大全”特征明显的善人，就是十恶不赦、坑蒙拐骗、欺凌弱小的恶人，造成了情节的简单拖沓与现实感的缺乏。

第四节　邋遢大王奇遇记

影视教育课程教案	
电影名称	《邋遢大王奇遇记》
课程类型	影视艺术课——美育
教学手段	思维导图—故事结构 潜在故事—故事仿写
课程目标	1. 通过对故事结构、情节发展、叙事手法等的梳理，理解影片内涵。 2. 依据影片叙事结构，结合想象，仿写故事。
课程准备	观赏电影《邋遢大王奇遇记》
适用对象	小学 3 ~ 5 年级
影片介绍	影片讲述了一个不爱干净又贪玩、绰号为“邋遢大王”的男孩误闯“地下老鼠王国”，在小白鼠的帮助下，与大黄狗、小花猫一同逃回地面的故事。
教学重点	梳理故事结构、情节发展、表现手法，进一步分析影片是如何“讲故事”的。

<table>
<tr>
<td>教学步骤</td>
<td>

一、导入

“邋遢大王”有一个聪明的脑袋，天不怕、地不怕的性格，能够在遇到危险时临危不惧，机智应对，见招拆招，突破重重难关。尽管他有很多的不良习惯，如不讲卫生，不注意健康，对陌生人没有警觉心。但是他也有值得我们学习的地方，比如，他能清晰地判断善恶，明确自己的立场，关键时刻还能帮助别人，团结小伙伴一起对抗邪恶。影片充满想象力的设计与情节发展，应该给大家留下了比较深刻的印象。下面请大家回忆全篇故事内容，一起跟着“邋遢大王”重新经历一遍他的历险之旅。

二、思维导图

（1）回顾影片主要脉络与情节点，共同梳理情节，填充以下故事情节导图。

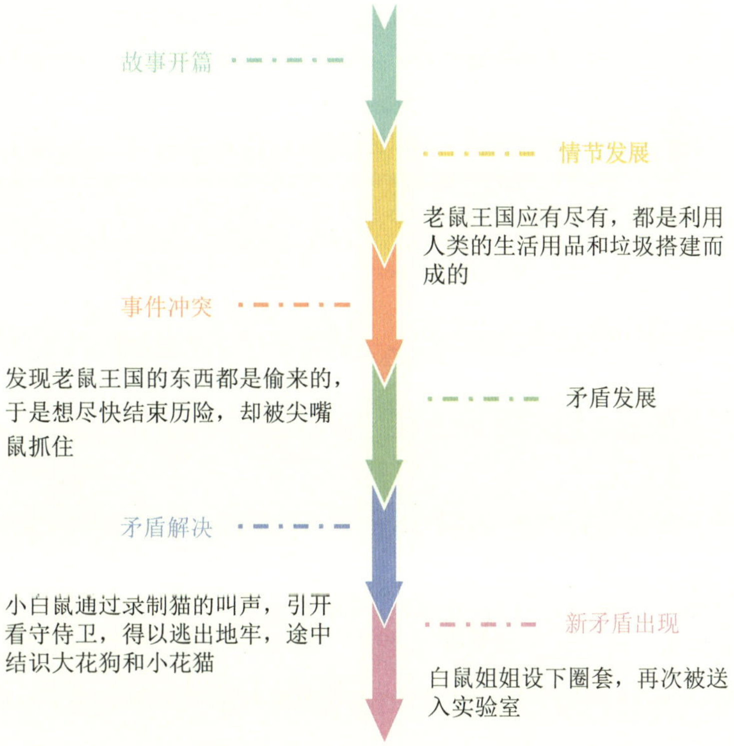

（2）分组讨论故事结构，并做出总结与评价。

根据以上片段可以看出，影片故事结构为：开头—发展—高潮（矛盾冲突—解决矛盾—出现新矛盾—解决新矛盾）—结尾，这样几轮循环高潮的模式构成使得戏剧冲突激烈，情节跌宕起伏，扣人心弦。

由此可见，确立一个最高任务（逃出老鼠王国），在完成任务的过程中，发生一个矛盾（被捕），解决矛盾（逃出地牢），从而引发新矛盾（被捕后被送去当实验品），继续解决新矛盾（躲过细菌的侵害），引发高潮（国王嫁女时

</td>
</tr>
</table>

教学步骤	大闹婚礼现场），最终解决矛盾完成任务（逃出老鼠王国），这种叙事结构不失为一种吸引眼球的“讲故事”手法。 **三、创编故事** 1. 以小组为单位，每组分别选择一个题材，根据以上叙事手法与故事结构，讨论并创作一个小故事。 ✧ 注意事项 （1）为故事及主要人物设置一个最高任务； （2）在过程中制造一些矛盾冲突，让故事更有趣； （3）在解决一个矛盾的时候是否要引出另一个矛盾？还是直接将情节推向高潮？ （4）结尾处是否已完成开始时设置的最高任务？ ✧ 题材参考 （1）一个人的一天 （2）我帮妈妈做家务 （3）我要当第一名 2. 每组分别呈现 （1）各组派代表讲述经过小组讨论的“小故事”； （2）全班针对一组的故事结构脉络发表意见与看法； （3）教师加以辅助，记录学生讨论的内容与修改意见。
课后活动	参照故事结构与叙事手法，进行故事仿写。

专家点评

邋遢大王在老鼠王国的奇遇经历，情节跌宕起伏，想象力丰富，颇具魔幻主义色彩。影片中，邋遢大王“引以为傲”的座右铭是：不干不净，吃了没病。在喝了尖嘴老鼠精心准备的“缩小丸”后，被骗到老鼠王国开始了斗智斗勇的历险之旅。

首先，邋遢大王在自食不讲卫生的苦果后，完成了自我的成长。故事一直处于“追逐和被追逐”中，在“人过街老鼠喊打”的反转剧情里，“黑死病”和“活体细菌实验”都让邋遢大王意识到干净、卫生的重要性，最终“邋遢大王不邋遢，我们都爱他”！

其次，机智、勇敢的邋遢大王具有团队协作意识，联合动物朋友共同粉碎了老鼠国王的阴谋。起初，单打独斗的邋遢大王利用气球、弹弓逃脱了老鼠士兵们的追捕，但后来随着长尾小白鼠、小黄猫和大灰狗的出现，他们一起携手“破密码阵”“智取宝图”“阻止细菌实验”，并在婚礼时趁机逃出地下古墓重返地面。

最后，影片中参与叙事的色彩也是我们不能忽视的。短尾白鼠在当上校长后，教唆幼鼠游过臭水沟以达到自己的目的，但上岸的幼鼠们被污水染成了灰色，幼鼠们褪去的除了毛发的洁白还有本有的童真。敢死队绿毛兵、黑毛细菌兵和善良的长尾白鼠，这些形象中看似平常的颜色含有哪些隐喻呢？

第五节　藏獒多吉

影视教育课程教案	
电影名称	《藏獒多吉》
课程类型	影视整合课——美育和德育
课程主题	价值理念：勤学、友善、保护环境、爱护动物 个性发展：自立、勇敢、爱、坚毅
教学手段	分析故事结构—串联叙事线索
课程目标	1. 通过梳理故事结构，进一步理解影片主旨； 2. 通过对故事叙述线的整理，学习多线叙事的写作手法。
课程准备	观看电影《藏獒多吉》
适用对象	小学 3 ~ 5 年级
影片介绍	少年田劲的父母早年为将西医带入西藏做出了巨大的牺牲，由于无法适应高原的生活，田劲的妈妈带着尚在襁褓中的儿子返回内地，爸爸拉格巴则在高原继续着他的事业。数年过后，妈妈病故，无依无靠的田劲来到高原寻找爸爸，心中却藏着怨恨。拉格巴终日忙碌行医，交由儿子自行学习牧羊。

<table>
<tr><td>影片介绍</td><td>某天，田劲遇到狗熊，幸亏一只金色的藏獒相助，后来种种机缘使他与这只名叫多吉的藏獒成为最亲密的朋友。与此同时，草原上出现了专门残害生灵的“恶魔”，牧民的平静生活被彻底打破……</td></tr>
<tr><td>教学重点</td><td>回顾全篇的情节脉络，对应三条叙事线，找到关键词加以概括总结。</td></tr>
<tr><td>教学难点</td><td>探究电影是如何将三条叙事线交叉且有序地展开的。</td></tr>
<tr><td>教学步骤</td><td>故事通过藏獒多吉与小主人公田劲的故事情节脉络展开，为我们展现了多吉与田劲之间互相陪伴，互为依赖，最终互相救赎的故事。
1. 故事结构
影片剧情以狗与狗的矛盾、狗与人的矛盾、人与人的矛盾三条线穿插，进行多线叙事，多吉在面对獒网的围剿、面对人类的击杀，以及面对杀死主人的仇敌（罗刹）的攻击时，顽强抵抗、毫不畏惧；田劲面对草原生存中的问题（之前妈妈的突然离世、草原生活的不适应、食物的不合口味、爸爸的“冷漠”、羊群的捣乱、狼群的攻击、藏族孩童的“瞧不起”等）时，拥有坚韧的耐受力与克服困难的意志力。
2. 思维导图
根据故事情节串联三条叙事线。
（1）狗与狗：多吉与獒王、多吉与母獒、多吉与獒群、多吉与罗刹
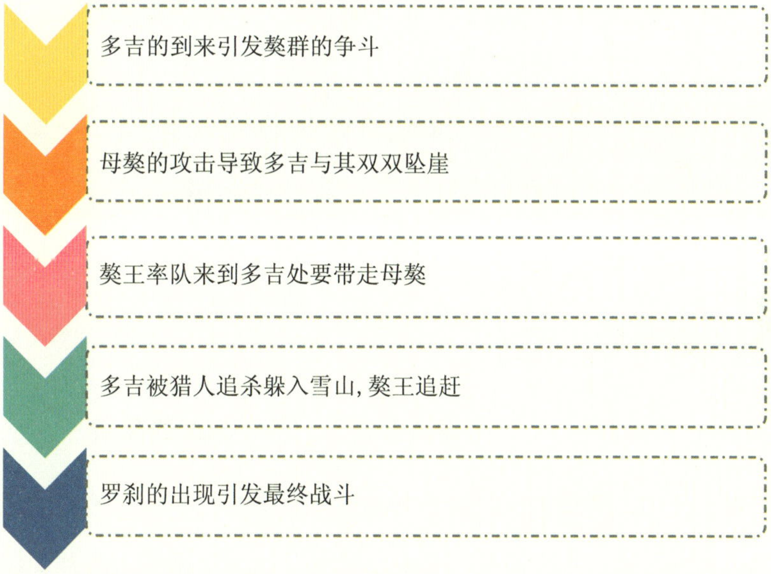

（2）狗与人：多吉与杀主人的“凶手”、多吉与田劲一家、多吉与猎人、多吉与众族人</td></tr>
</table>

<table>
<tr><td>教学步骤</td><td>

（3）人与人：田劲与爸爸、田劲与草原同辈、药婆与爸爸、族人与猎人
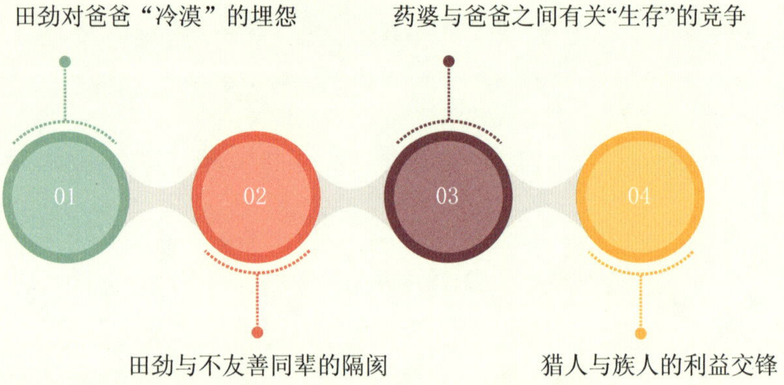
</td></tr>
<tr><td>课后活动</td><td>尝试按照多线叙事的手法仿写一个小故事。</td></tr>
</table>

专家点评

《藏獒多吉》：关于忠诚的品质

在影片中，西藏被描绘成世外桃源，故事在一个相对纯净的环境下发生，由犬犬冲突、人人冲突、人犬冲突三条明线牵扯三条感情暗线，相互交错汇合，共同指向一个弥足珍贵的品质——忠诚。犬与犬之间的领土家族缠斗因为金银藏獒的难舍难分而饱含真挚情感，人与人之间本能的猜忌与不信任也随着血脉互融而逐渐消散，人与犬更是因为忠诚的品质而相互依偎。

影片没有对藏族文化进行深入挖掘，反而相当纯熟地架空时间、空间背景，和大多数好莱坞动画片一样，让观众简单、直接地进入故事。当然，观众的喜爱也离不开精细的制作，萌意十足的藏獒京巴、充满少数民族风情的藏族女孩、藏獒间的缠斗，以及通过水墨动画这一创意形式展现江南水乡，使得影片热血与内敛、粗放与精致浑然一体，让人不禁感叹日本动漫制作经验之独到。

影片多次强调“忠诚”的意义，它以拟人化的藏獒为象征，它跨越物种的界限，它是维系人际关系的重要纽带，亦是藏族人民在蓝天旷野下定义自身民族品格的重要标准。

第六节　哪吒闹海

影视教育课程教案	
电影名称	《哪吒闹海》
课程类型	电影赏析课——赏析和德育
课程主题	价值理念：信念、感恩、责任担当 个性发展：勇敢、坚毅
教学手段	潜在故事—观后感； 影片全景—审美情感、背景分析
课程目标	通过影片赏析，结合情节分析和内涵探讨，感受故事所传递的内涵，提高鉴赏能力。
课程准备	观看《哪吒闹海》
适用对象	小学 3 ~ 6 年级
影片介绍	陈塘关总兵李靖的夫人怀胎三年零六个月后，生下一个肉球，肉球忽然光芒四射，从中跳出一个男孩。太乙真人前来贺喜，为孩儿取名哪吒，并收其为徒弟，赠他乾坤圈和混天绫。 哪吒七岁，天旱地裂，东海龙王滴水不降，还命夜叉去海边强抢童男童女。哪吒见义勇为，用乾坤圈打死夜叉，又杀了前来增援的龙王之子敖丙。龙王去天宫告状，途中又被哪吒打得半死。于是，东海龙王请来三位兄弟，共商报复之计。 四海龙王水淹陈塘关，要李靖交出哪吒才肯收兵。哪吒想要反击，遭到李靖的阻拦，并收去哪吒的两件法宝。哪吒为了全城百姓的安危，挺身而出，悲愤自刎。事后，太乙真人借莲花与鲜藕为身躯，使哪吒还魂再世。复生后的哪吒手持火尖枪、脚踏风火轮，大闹龙宫，战败龙王，为民除害。
教学重点和难点	解读分析影片，感受影片所传递的内涵，完成观后感。

<table>
<tr><td>教学步骤</td><td>一、导入
你听过哪吒的故事吗？今天我们将一起观看一部关于哪吒的动画作品，在此之前一起来回答一下问题吧！
关于哪吒闹海的故事你了解多少呢？（故事出自《封神演义》）
哪些作品里有哪吒的身影？（文学名著：《封神演义》《西游记》，影视作品：《哪吒闹海》《哪吒之魔童降世》《封神榜》）
谈谈你心中的哪吒形象。

二、观后感（全班分为两大组，每组派代表上台分享各组总结后的感言）
参考观点一
《哪吒闹海》中最振奋人心的是悲壮的英雄气概。面对被压迫的百姓、胆小怕事的李靖、吃童男女的龙王，以及无所作为的那个“天”，这样的环境下，天真勇敢、不畏强权的哪吒横空出世。
他可爱，海边洗澡嬉戏；他功夫了得，混天绫、乾坤圈耍得好；他善良，为救百姓怒打夜叉；他勇敢，敢抽龙筋暴揍龙王；他天真，信了狡猾的龙王；他孝顺，被父亲收去法宝捆绑还要自刎谢罪。
最终，哪吒心一横，咬了头发，拾起宝剑，腾空而起，对着龙王吼道：“老妖龙，你听着，我一人做事一人当，不许你们祸害别人。”随即回头对李靖道：“爹爹，你的骨肉我还给你，我不连累你。”风雨交加、电闪雷鸣，哪吒昂首怒吼：“师父！”整部戏里最悲壮、最催泪的戏份便是这英雄末路。

参考观点二
宝莲重生后的哪吒，有了三头六臂，又得到师父赠的火尖枪、风火轮，功力更强，翻江倒海，怒闯龙宫。但在这之前师父说的话才是点睛之笔。哪吒重生后哭着跑向师父，含泪喊道：“师父！”眼中似有万千委屈，他的师父太乙真人对着重生的哪吒只微笑着说了一句：“你长大啦。”一语双关。此前，师父支招儿让哪吒去南天门拦住告状的龙王，料定龙王狡猾，哪吒宅心仁厚，面对求情的敌人必定心慈手软下不了杀手，事后必遭龙王算计，李靖定会交出哪吒，哪吒仁义，必遭算计。哪吒之死是太乙真人一手安排的成长之路、英雄之路。</td></tr>
<tr><td>课后活动</td><td>可从影片的色彩运用、人物塑造、传统配乐等角度分析这部电影，总结课堂讨论内容。</td></tr>
</table>

专家点评

《哪吒闹海》由上海美术电影制片厂1979年制作完成，是我国第一部大型彩色宽银幕动画长片。1979年正值我国改革开放之初，《哪吒闹海》不仅是对我国古代神魔小说《封神演义》故事情节的生动呈现，更代表了新时期我国电影事业发展的开局力量，是中国动画电影史上一部主题突出、风格雅致且独树一帜的佳作。

经严定宪、王树忱、徐景达三位导演之手打造的《哪吒闹海》以其“色彩鲜艳、风格雅致、想象丰富”，显示了我国动画电影风格的进一步成熟。《哪吒闹海》的美术设计吸收了中国传统壁画的造型和敷色技巧，以简练有力的线条塑造人物形象和动画背景，以蓝、黄、红、绿、黑等纯色塑造人物，彰显不同人物鲜明的性格，李靖为官故着红袍，哪吒性格则以红色和黄色突显，东海龙王身上的蓝色和绿色则喻示了他的冷酷无情。

《哪吒闹海》中空灵优美的传统配乐也是这部动画电影成功的关键。中国传统乐器与画面交相呼应，在李靖挥刀即将劈开刚刚降世的“怪物”之时，紧凑上扬的音乐戛然而止，李靖手起刀落，一朵莲花闪现，配乐随即变得柔和活泼，行云流水的拨奏随着花瓣层层剥落时而上扬时而下沉，突显了哪吒降世时扣人心弦的戏剧效果和传奇色彩。

第七节　哪吒之魔童降世

活动课设计教案	
活动背景	《哪吒之魔童降世》观影——德育教育
活动主题	价值理念：诚信、感恩、信念、责任担当 个性发展：勇敢、自信、尊严、坚毅
活动手段	观影研讨会
活动目的	1. 对比《哪吒闹海》与《哪吒之魔童降世》两部电影的不同，深入分析影片主旨； 2. 通过影片给人的启发，结合当下时代背景所处环境，思考人生。
活动对象	小学 5 ~ 6 年级 初中 1 ~ 3 年级
活动准备	观看电影《哪吒闹海》与《哪吒之魔童降世》
活动过程	哪吒是中国古代神话传说中的经典人物，因其鲜明精彩的形象和经典传说故事而名气响亮。本次活动就 1979 年经典版的《哪吒闹海》与 2019 年上映并大获好评的《哪吒之魔童降世》两部电影展开详细的分析。 1. 关于《哪吒闹海》的观后感分享 （全班分为两大组，每组派代表上台分享各组总结后的感言） 参考观点之一： 《哪吒闹海》中最振奋人心的是悲壮的英雄气概。面对被压迫被吸血的百姓、胆小怕事的李靖、吃童男童女的龙王，以及无所作为的那个“天”，天真勇敢、不畏强权的哪吒横空出世。

活动过程	他可爱，海边洗澡嬉戏；他力强，挥舞混天绫和乾坤圈；他善良，为救百姓怒打夜叉；他勇敢，敢抽龙筋暴揍龙王；他天真，信了狡猾的龙王；他孝顺，被父亲收去法宝捆绑还要自刎谢罪。 最终的结局却是，哪吒心一横，咬了头发，拾起宝剑，腾空而起，对着龙王吼道:“老妖龙，你听着，我一人做事一人当，不许你们祸害别人。”随即回头对李靖道:“爹爹，你的骨肉我还给你，我不连累你。”风雨交加、电闪雷鸣，哪吒昂首怒吼：“师父！”整部戏里最悲壮、最催泪的戏份便是这英雄末路。 参考观点二： 宝莲重生后的哪吒，有了三头六臂，又得到师父赠的火尖枪、风火轮，功力更上一层，直接翻江倒海，怒闯龙宫，杀敌报仇而去。但在这结局之前太乙真人说的话才是点睛之笔。哪吒重生后哭着跑向师父，含泪喊道：“师父！”眼中似有万千委屈，他的师父太乙真人对着重生的哪吒只微笑着说了一句：“你长大啦。”一语双关。 此前，师父支招儿让哪吒去南天门拦住告状的龙王，料定龙王狡猾，哪吒宅心仁厚，面对求情的敌人必定心慈手软下不了杀手，事后必遭龙王算计，李靖定会交出哪吒，哪吒仁义，必遭算计。哪吒之死是太乙真人一手安排的成长之路、英雄之路。 2. 对比《哪吒闹海》，《哪吒之魔童降世》的改编有什么不同? （全班分为两大组，每组派代表上台分享各组总结后的感言） 参考角度： 在我看来《哪吒之魔童降世》改编最成功的地方，就是它居然用一个我们耳熟能详的故事，讲述了“成见是如何毁掉一个人”的道理，在原著的基础上道出了新意，哪吒的传说终于不再是正义战胜邪恶，而是“我命由我不由天”，意料之外，又情理之中。 《哪吒之魔童降世》中的哪吒后来才知道，父亲李靖送他去太乙真人处学习修行，并非想困住他、怕他在人间作恶，而是希望他掌握更多本领，以后在人间好好活着。作为父亲的李靖早已经拿好替死符，决定在老天要灭魔丸时，以身相替，替自己的儿子哪吒去死。李靖在这样的塑造下不再只是一个镇关总兵，而是一个父亲、一个有血有肉的人。 3. 关于《哪吒之魔童降世》的几点思考 （两组成员各抒己见） 参考观点 1：“人心中的成见是一座大山”——偏见的后果 看了《哪吒之魔童降世》，我们知道了“人心中的成见是一座大山”。电影里面的每个人都深受成见之苦，哪吒、敖丙、申公豹，无论在剧情中他们是正义一方还是邪恶一方，他们的境遇其实是相通的。作为群体中的异类，哪怕

活动过程	他们付出再多的努力，做出再大的贡献，也难以得到充分的认可。人们仍然时刻提防着他们。 　　影片中的一个盲人老者是偏见的化身。在每个剧情发展的关键时刻，他都会出现并慷慨陈词，好似代表所有民众，用压倒性的人数优势对哪吒实施制裁。而我们也看到，人们冷漠的态度，正是不断激化哪吒邪性的原因。同样地，敖丙也因为龙族身份而遭受了非议。他无奈地看到，比起他做了什么，人们更在意他是什么身份。因此，《哪吒之魔童降世》中的最大反派，其实是民众，具体而言，是民众无知的恶，来自本能的恶。 　　为了照顾儿童观众，影片在处理反派戏份时加入了喜剧化效果。比如申公豹被设定为结巴，每次都在关键词上结结巴巴；而那个盲人老者，说话时总是对着错的方向。这些笑点一定程度上削弱了影片在揭露人性阴暗面之时生发出的惊悚感。但有心的观众仍可以通过细细品味，觉察到群氓无知、人言可畏的可怕力量。而魔童哪吒的可贵之处正是打破了这种成见，尽管哪吒也因为人们的偏见和误解不断被激化出内心深处魔丸的暴虐和凶残，但是因为后天的家庭教育及内心的选择，人后天的选择战胜了先天的属性，哪吒从一个投胎的毁世魔丸，成为救世的英雄。 　　如果一部动画片只是正邪大战，打打杀杀，特效做得再好，即便观众观影时觉得炫目，之后并不会留下什么深刻印象。但显然，魔童哪吒会在人心中留下一个印记，就像他在敖丙心中留下的一样。凭什么敖丙注定要成为一枚复仇的棋子？凭什么他一定会因世俗的成见而被群嘲为妖精？哪吒说："我命由我不由天！"当所谓命运降临，有人屈服于成见，有人偏不，而努力抗争的人就是自己的英雄。 参考观点 2："我命由我不由天"——自我的突破与成长 　　电影的本质其实还是想探讨"人定胜天"的主题，成佛成魔其实全在一念之间，最重要的还是做自己。 　　哪吒刚出生的时候被魔丸"诅咒"，天生神力，但因这股力量被视为"邪恶"化身，陈塘关众人希望能立即处决刚出生的哪吒，永绝后患。李靖与殷夫人为了保全自己的孩子，只能把哪吒禁足在家里。哪吒不服管束，多次偷偷离家找人玩耍，然而由于长期被禁足在家，不懂如何"约束"自己，自身的神力对别人而言意味着破坏，陈塘关民众对哪吒的偏见愈发加深。 　　这种偏见固化到一定程度，以至于当他经历了两年修炼，真的打败了一个妖怪、救下小孩的时候，却被村民误会，被认为是拐带小孩的元凶。这样的叙事，内里是暗合西方"酷儿叙事"的脉络的：被禁锢、误解的群体，为无法掌控自己的力量而痛苦，因为他的真实身份（魔丸转世）一直被隐藏，他注定只能以一种"非我"的面目生存。

活动过程	以这样的视角来理解《哪吒之魔童降世》，这个故事就会变得相当有意思。宣传语中有一句哪吒的台词："我命由我不由天！"其父李靖觉得自己的孩子是一个妖孽，自觉对不起陈塘关的百姓。背负了这个包袱三年后，哪吒"大限"将到之时，他终于对哪吒说："真正能决定你的人是你自己。"殷夫人更是一直力图接受孩子，努力想让孩子感受到被爱。然而即使是殷夫人，她在天雷降临之前也一直视哪吒为某种病理化的存在，希望孩子不要乱跑，乖乖做个"被关起来的、有缺陷的孩子"，或者能被好好改造（在太乙真人的帮助下），将来能归入斩妖除魔的主流框架，继承家族事业。 命运，是影片的题眼。试想，如果一个孩子生下来便因为自己的出身遭受唾骂与囚禁，这对他而言意味着什么？纵然他表现出友善，人们也依然用最大的恶意揣测他，并躲得远远的；其他孩子可以肆意朝他扔脏东西和臭鸡蛋，不相信他会做任何好事。这就是属于哪吒的阴暗童年：面对恶意，他决定自暴自弃。"我是小妖怪，逍遥又自在，杀人不眨眼，吃人不放盐"。受尽世人白眼的哪吒，用加倍的堕落去报复那些不怀好意者。此时，他已然认定了自己生而为恶魔的命运。 哪吒的转变发生在他真正读懂父亲李靖的那一刹那。起初，他因发现父亲和师父让他闭关修炼只是为了拖延他到死去的那一天、避免他为祸人间，而悲愤交加。后来，他才知道父亲愿意替他承受天雷，甚至交出自己的生命。于是，他终于能够理解父亲的良苦用心：修炼，除魔，皆为了让他今后可以作为一个英雄被人们记住，而不是作为怪物。那一刻，他突然认识到了人的命运是由客观条件和主观行动所共同造就的。纵然天性至恶，可他仍然有向善的选择。这是他对自身命运新的认识。 至此，影片借哪吒从"认命"到"认识命运"的改变，完成了对第一个问题的回答。显然，主创们相信，没有一个孩子是生来注定要被放弃的；即便全世界都将你抛弃，也请你不要放弃自己。这是一个稍有不慎就会被讲得很鸡汤、很乏味、很说教的道理，但《哪吒之魔童降世》却表现得很成功，这在很大程度上，得益于电影构建的独特的善恶观。 参考观点3："事物不是绝对的非黑即白"——反面人物有大爱 人生没有那么简单，人没有那么简单，不是非黑即白，大家多多少少都带一点灰。 深刻的艺术创作往往能最大限度地还原真实世界的复杂性。唯有超越正邪，在更高的维度探讨正邪为何而生，又因何而对立，才能让一个故事变得更加丰满与动人。令人振奋的是，《哪吒之魔童降世》做到了。主创们通过对原神话故事中因被哪吒抽筋而死的龙太子敖丙的再创造，来进一步阐释影片的主旨：人是被天性和成长环境共同决定的，后者在很多时候起到的作用往往更大。

活动过程	在新的版本里，敖丙一出场便是自带光环的好学生，心地善良，练功刻苦，乖巧懂事。他幸运地得到了能量强大的混元珠的另一半——象征善的灵珠。可不幸的是，他没能像哪吒一样有一个好父亲。从始至终，他都被当作龙族复兴的工具。他要背负起整个家族的荣誉和未来，而父亲从来没有想过这是否是他能够承受的。这是他在做出冰封陈塘关、灭口所有人的疯狂之举时，心中迈不过的一道坎：他应该完成父王、师父的嘱托，这是对的；但理智又提醒他，所有的一切从开始就是错的。 影片有一个很巧妙的设计。敖丙出发前，父王和所有龙族长辈都撕下自己身上最硬的龙鳞，给他做了一件刀枪不入的万龙甲。当哪吒经受天雷惩罚时，敖丙挺身而出，牺牲了万龙甲为他挡住了一部分。于是，这件本应用来完成龙族任务的装备，最终被敖丙用于保护了他内心的善良。因此，尽管险些令全陈塘关人丧命，敖丙还是收获了观众的好感。他与哪吒天性的比照，说明了即便是至善，也可能误入歧途；而即便是至恶，也可能被爱感化。同时，他在最后一刻的醒悟，又体现了人性不会泯灭，只是会经历考验。 4. 影片《哪吒之魔童降世》到底想要给我们传达什么？ （全班分为两大组，每组派代表上台分享各组总结后的感言） 参考感言： 在“不认命”和“善与恶”两大主题外，《哪吒之魔童降世》还包含了对家庭的思考。我们看到两位主角的行为背后，其实都是家庭在推动。就像在面对短暂的生命时，哪吒的母亲提出让哪吒去游山玩水，快乐过完此生就好；而哪吒的父亲却认为，有限的人生要实现自己的意义，才算没有白活。龙王则是另一个极端，他要求儿子完美执行由他规划好的人生，为全族的命运抗争。 同样是爱孩子，每一位父母却有不同的方式。从这个角度而言，《哪吒之魔童降世》像是一部披着神话外衣、意在引发观众对亲子关系进行思考的作品。如果说，代表美式超级英雄的是“能力越大，责任越大”的使命观，那么对于塑造一个东方英雄来说，如何平衡家庭的期待和个人价值实现的伦理观，或许才是更贴合本土文化语境的议题。 被父母影响的自我认同，可能会跟随我们一生。但影片告诉我们，它并不会决定我们的人生。正如哪吒不让父亲替自己去遭受天雷，敖丙也放下了父亲强加给他的执念。独立，对事物形成自己的判断，遵从自己的内心而不是父母的安排，才是我们踏上属于自己的人生征程的第一步。 哪吒是魔丸转世，这不是他的错，要在天雷中灰飞烟灭，他坦然接受了这样的命运，并且选择独自承担；哪吒遭受天劫咒，这不是敖丙的错，但他无法袖手旁观，选择和哪吒一起承担。

活动过程	成长是去独立做出人生选择，成为英雄则是去勇敢地承担本不属于自己的责任。在短短的十几分钟内，剧情流畅地完成了“成长”与“英雄”主题的两层交代和递进。在回顾影片的时候，我意识到当时我不仅被惊心动魄、波澜壮阔的场面震撼，更被影片主旨所包含的充沛而浓烈情感深深触动。影片情节与画面共同造成的冲击力，用语言是难以形容的。
活动总结与反思	思考两部影片对成长、人生的启示。

专家点评

影片《哪吒之魔童降世》自2019年暑期上映后，迅速凭借良好的口碑成为年度佳片，引发了社会各界极大的观影热情和关注，最终取得了超过50亿元的票房成绩，不仅成为当年国产动画票房冠军、国产影片票房亚军，而且打响了国产动漫复兴的第一枪。

《哪吒之魔童降世》对经典的“哪吒闹海”故事进行了颠覆式的改编，讲述了哪吒虽然“生而为魔”却“逆天而行斗到底”的成长故事。影片既保留了传统文化的精髓，又加入了当下的流行元素，本该为灵珠转世的哪吒意外被调包成为魔珠转世，生来背负魔珠的骂名、承受人们的偏见，哪吒在想要做好事和自暴自弃之间不断徘徊，影片对于哪吒的一路成长和内心心路历程的转变进行了细致且生动的讲述，进一步表达了成魔成佛不是天注定，而是自我内心的选择的主题。电影上映之后，哪吒受到各个年龄阶段观众的喜欢和认可，也许正是因为哪吒另类的、反叛的英雄形象，人们从他身上看到了“打破成见、扭转命运”的勇气和精神。

影片能够讲述这样一个新鲜、热血、感人的中国故事，离不开制作团队的努力和坚持。学医出身、半路出家的导演饺子，因为心中对动画的热爱，实现了“我命由我不由天”的逆袭，一战成名，不仅实现了自身价值，也改变了观众对于国产动画的认识，为自己热爱的动画事业做出了卓越的贡献。

第八节　大鱼海棠

影视教育课程教案	
电影名称	《大鱼海棠》
课程类型	影视整合课——美育和德育
课程主题	感恩、责任、爱、成长
教学手段	影片分析 + 课堂讨论
课程目标	通过影片赏析，结合故事结构和视觉表现，感受故事所描绘的中国式动画电影的意境，提高鉴赏能力。
课程准备	观看《大鱼海棠》
适用对象	小学 4 ~ 6 年级 初中 1 ~ 3 年级
影片介绍	在海洋深处，生活着掌管着人类世界万物运行规律的“其他人”。居住在神之围楼里的女孩椿掌管着海棠花的生长。按照族中的惯例，椿在成人礼那天变作一条红色的海豚到人间巡游七天。人间之旅即将结束之时，椿不幸被大海中的渔网困住，一个人类男孩因为救她而落入深海死去。感恩于男孩的相救，椿在回到自己的世界后央求灵婆帮助男孩起死回生，并用她自己一半的寿命换回男孩的灵魂——小鱼“鲲”，终日守护，甚至不惜违背族中戒律，逆天而行。故事最后，鲲终于长成了比鲸还要大的鱼，和椿一起在椿的爷爷奶奶、好友湫的帮助下向光明的上方溯游而去。

<table>
<tr><td>教学重点</td><td>分别从故事结构、色彩构图、画面特效、叙述风格四个方面入手，分析影片，感受影片的内涵与立意。</td></tr>
<tr><td>教学难点</td><td>对影片中中国意象的理解。</td></tr>
<tr><td>教学步骤</td><td>
一、导入
“人生是一场旅程。我们经历了几次轮回，才换来这个旅程。而这个旅程很短，因此不妨大胆一些，不妨大胆一些去爱一个人，去攀一座山，去追一个梦……有很多事我都不明白。但我相信一件事。上天让我们来到这个世上，就是为了让我们创造奇迹。”
人不可能不会犯错，因为这就是人生的一部分，但是不妨大胆一点，去追求你的梦，上天创造人类就是为了让人类去创造奇迹。那么，“你相信奇迹么？”

二、影片回顾及讨论
以小组为单位，分析讨论以下问题。
1. 影片的主旨
故事主旨：“守护与责任”。
2. 导演是如何呈现这部影片的？
色彩运用：整部影片都贯穿着红色，无论是椿、湫、灵婆的着装，鲲和所有大鱼的皮肤，傍晚的晚霞，深夜的灯笼，墙上的对联，还是祝融的头发，凤凰的羽毛，陶笛的细绳，以及爷爷化作的海棠树、开出的海棠花等。红色对中国人而言是喜庆的、备受欢迎的颜色，甚至成为中华民族的文化图腾和精神皈依的一部分。

画面风格：影片无论是故事内容、人物造型还是画面风格，都突出了强烈的中国元素。《大鱼海棠》的画面非常漂亮，细腻精美，唯美如梦，国画风格的山水、浪漫绚烂的海棠花、飞掠过天宇的巨大白鹤和凤凰等，还有那些面目奇怪、出自《山海经》、具有相当强东方特性的人物：赤松子、火神祝融、厚土、句芒、混沌……影片塑造了一个完整丰富的东方玄幻世界。
叙述风格：电影伊始，一个苍老的女性用低沉的语调娓娓道出神奇世界的秘密：“你相信奇迹吗？”，起到了设置悬念的作用，结尾处有同样的句子呈现，完成了呼应与强调。这样的设置无疑为影片蒙上了一层神秘的色彩。
</td></tr>
</table>

教学步骤

三、影片分析

1. 故事背景

《大鱼海棠》是一个观念先行的作品，影片的创意源自《庄子·逍遥游》与上古神话《女娲补天》，并截取了相对较为生僻的《山海经》等典籍的元素，构建了一个架构清奇、气质清新的中国式“异世界”。

故事情节中设定了一个非常巧妙的“机栝”：椿的世界中，每当有人满了 16 周岁，就要完成成人礼，化身一条红色大鱼，到人类的世界游历 7 天，看看由他们掌管的人世间的万物。这个“机栝”贯穿整个故事的发展，是影片情节发展的关键。

2. 影片内涵

➢ 关于责任与守护

责任与守护可能是全片想表达的主题，女主人公的名字是椿，掌管海棠是因为母亲希望她继承自己的能力。《庄子》中有“上古有大椿者，以八千岁为春，八千岁为秋。”古人以椿树比喻长寿，椿树寿命如此之长必然也很高大。片尾也特意写明这句话。

椿的母亲像大多数父母一样以自认为对她好的方式全力付出，但爷爷才是真正懂她的人。椿在最后遇到危险的时候向变成大树的爷爷求助，爷爷自燃招来奶奶救椿。椿弥补自己对族人造成的灾难时，也是由爷爷的残躯催生巨大的海棠花树。爷爷就是沉默的家庭守护者的典型形象。椿也一直在试着承担责任，不管是守护鲲的灵魂，还是最后尽力挽救遭受灾难的族人。

教学步骤	椿的能力是催生植物，她的能力在种族危急的时刻才开始显现，她才真正地开始学会负起责任，守护自己的家园，这也体现了爱与包容的力量。导演曾说：“这是一个关于守护与责任的故事。”影片中，每个人都有自己需要守护的东西，椿要守护鲲化身的红色大鱼；灵婆要守护好人的灵魂；鼠婆要守护坏人的灵魂；族人各自有守护的规律，同时还要一起守护家园，如果结合体现在影片中的中国传统文化精神进行思考，“守护”的意义就显得更为宽泛了。 ➤ 关于成长 影片主要人物经历了“我是谁？我从哪来？我要到哪里去？”的柏拉图之问。椿在成人礼中被鲲舍命搭救，决计报恩，选择还鲲半条命。得知自己的行为会给村子带来严重后果后，为弥补过错，又选择付出另外半条命，这是自我救赎中的精神成长。湫在最开始有贪玩的幼稚行为，但随着心智的成长，为了喜欢的人开始学会了隐忍，学会了控制自己，学会了承担，并且最终为爱牺牲。电影中刚刚成年的主人公们有着少年的叛逆，也正体现出那个年龄该有的意气风发与难能可贵的勇气。
课后活动	总结课堂讨论内容，从影片的主题、呈现手法、导演意图等方面具体分析这部电影，写出观后感。

专家点评

神话是人类书写的关于祖先世界的想象。电影化用了《庄子·逍遥游》中的情节：“北冥有鱼，其名为鲲。鲲之大，不知其几千里也。化而为鸟，其名为鹏。鹏之背，不知其几千里也。怒而飞，其翼若垂天之云。是鸟也，海运则将徙于南冥。南冥者，天池也。”在此基础上，制作团队创造了一个善良的“超人”的世界，构建了一个生死轮回、善恶因果的故事。

影片多处展现了人在水中畅游、空中翱翔的意象，形成了一个可以看到的、听到的、通向精神自由的“逍遥游”的世界。影片以红色为整体基调，如鱼、主要人物服饰、凤凰（奶奶）、树（爷爷）、海棠花等的颜色；以青绿色衬托红色，如天空、大海等自然环境元素的颜色。这样红绿搭配的设定更自然化，也更贴近东方审美。

电影的场景设计融合了多种富有中国特色的自然、人文景观和元素：福建土楼、浙江天一阁、云贵高原的梯田、华山云海等；海棠花、白鹤、莲花灯、石狮子、龙头船、油纸伞、灯笼、对联……独特的中国文化符号组成了一幅深具中国意象的画卷。

椿所在的“其他人”的世界与人类世界息息相关，提醒着我们世间万物都有自己的生命与力量，须心存敬畏。椿与鲲原本素不相识，人类世界中鲲纵身跃入海中救出被渔网困住的椿，因此付出生命的代价，这是因为他本性中的善良与勇敢——生而为人，这是金子一般的品质；椿用自己的一半寿命向灵婆换来鲲复活的机会，哪怕因此被自己的族人厌弃也要报恩，这也是良善本心的真情流露。他们的命运捆绑在一起的根本原因在于：他们是一类人。椿与鲲、湫对椿的情愫，因此而生的彼此的守护与成全，让我们看到了纯净的爱的力量。

第九节　小王子

影视教育课程教案	
电影名称	《小王子》
课程类型	影视艺术课——美育
课程主题	爱与成长
教学手段	梳理情节脉络
课程目标	1. 创制思维导图，培养学生的逻辑思维能力； 2. 进一步提升学生的阅读能力及写作能力。
课程准备	观赏电影《小王子》
使用对象	小学 4 ~ 5 年级
影片介绍	灰蒙蒙的都市丛林，美丽的小女孩眼神中没有渴望和雀跃，她跟随妈妈穿梭在钢筋水泥的光影之间。她的未来似乎早被注定和规划，即使生日礼物也没有带来些许惊奇。为了进入好学校，母女俩搬到郊外一幢独栋房子里，旁边是一间与周遭格格不入的破房子。某天，一个飞机螺旋桨突然破墙而入，从而建立起女孩和隔壁爷爷的友谊。爷爷自称曾是一名飞行员，年轻时曾迫降在沙漠，在那里认识了有着纯真心灵的小王子。女孩听老人讲述着有着童话般瑰丽色彩的往事，不知不觉间心驰神往……
教学重点	就电影故事情节的三段式叙事结构与两条主线平行叙事的手法展开详细的逻辑梳理。
教学难点	区分两条平行叙事的内容，寻找关键词概括。

教学步骤

一、导入

同学们已经观看了电影《小王子》，本片有别于以往的《小王子》，并非是对原著的翻拍。剧本故事改编新颖，将“找回自我、保持童真”的主旨进行了通俗化的演绎，既传递出原著的精髓，又赋予了影片新的定义。影片由主人公小女孩与年老的飞行员之间的故事展开，并借由老飞行员之口叙述出小王子的故事，“现实与童真”两条主线并行，也让残酷现实与充满色彩与梦幻的童真回忆形成了鲜明对比。那么这节课，我们就从影片的故事结构入手，一起对影片进行分析与梳理。

二、梳理情节脉络

1. 请学生根据两个情节流程框架，在电影中寻找关键内容进行填空。

“现实”线：

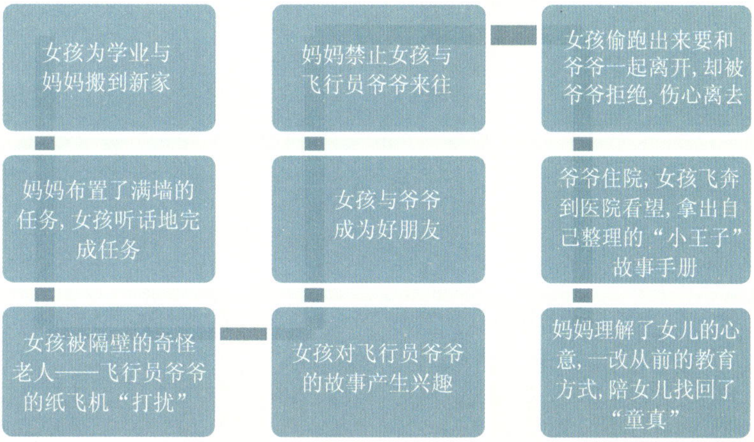

“幻想”线：

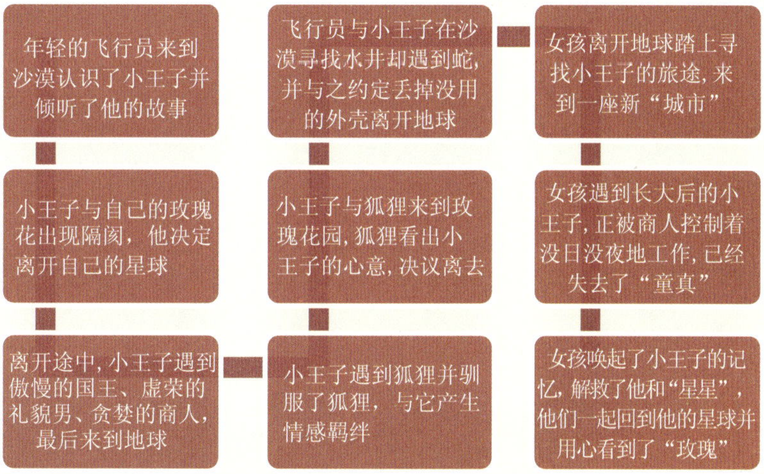

教学步骤	2. 梳理完两条叙事平行线后，引导学生利用关键词概括每段情节，发挥想象绘制影片思维导图。 ✧ 参考如下: 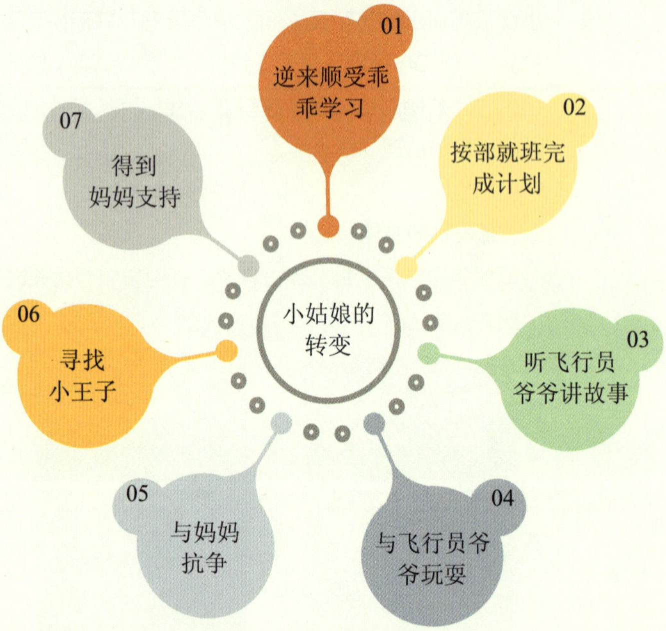
课后活动	每人完成一幅《小王子》影片思维导图，格式不限，画风不限，要求找准关键词，情节脉络梳理要清晰。

影视教育课程教案	
电影名称	《小王子》
课程类型	电影整合课——德育和美育
课程主题	个性发展：善思、协作、探究、审美
教学手段	影片全景—审美与情感
课程目标	分析影片，探究影片的主旨，提升学生的鉴赏能力。
课程准备	观赏电影《小王子》
适用对象	小学 6 年级
影片介绍	灰蒙蒙的都市丛林，美丽的小女孩眼神中没有渴望和雀跃，她跟随妈妈穿梭在钢筋水泥的光影之间。她的未来似乎早被注定和规划，即使生日礼物也没有些许惊奇。为了进入好学校，母女俩搬到郊外一幢独栋房子里，旁边是一间与周遭格格不入的破房子。某天，一个飞机螺旋桨突然破墙而入，从而建立起女孩和隔壁爷爷的友谊。爷爷自称曾是一名飞行员，年轻时他迫降在沙漠，在那里认识了有着纯真心灵的小王子。女孩听老人讲述着有着童话般瑰丽色彩的往事，不知不觉间心驰神往……
教学重点	分别从故事主旨、故事结构、人物形象、画面色彩、特效五个方面入手，带领学生深入思考影片内涵。
教学难点	1. 通过故事结构分析影片的叙事手法； 2. 剖析主题，分析影片的构图、色彩设计、画风特效。
教学步骤	**一、导入** 在课程开始之前，请同学们回忆一下自己的童年，在你的脑海里，“童年”是什么样子的呢？请用简短的话来描述一下自己的童年，也可以用某个物体、某种情绪，或者颜色来概括。 同学 A：我的童年是夏天的草莓冰棍的味道。 同学 B：我的童年像彩虹糖，五颜六色，很开心。 同学 C：我的童年都是跟我的姥姥度过的，姥姥做的饭很好吃。 **二、影片回顾及讨论** ➢ 全班以小组为单位，分析讨论以下问题。 1. 导演想通过电影向观众传达什么？ 故事主旨：“找回自我，保持童真”。

<table>
<tr>
<td>教学步骤</td>
<td>

2. 电影通过怎样的结构来完成叙事？

故事结构：全片是典型的开头—发展—结尾三段式结构，运用了“现实”与“梦幻”两条主要叙事线平行发展的手法推动故事情节的发展。

3. 导演利用了哪些专业手段体现了这种叙事手法？

（1）画面色彩

片中“现实”部分的画面以冷色调表现，给人以客观、冷漠的感受，而“幻想”部分的画面以暖色调表现，鲜艳的色彩给人以美好、温馨的直观感受。

（2）特效

影片表现形式以 CG 动画特效为主，“现实”部分是典型的三维立体动画人物形象，而“幻想”部分则以手工折纸、定格动画的形式表现，镜头转换处理得非常巧妙，整个故事三段式的结构非常清晰。

（3）人物形象

1）影片的主角“小女孩”是典型的当代少年儿童形象的代表，他们迫于竞争压力，被动生活在“别人的希望”之下。

2）影片中的“小王子”则是成年人世界里那些追逐名利物欲的、活在冰冷的钢筋水泥城市中的、遗忘了童真的成年人的缩影。

3）“老飞行员”是以故事的叙述者、剧情的推进者、小女孩的成长陪伴者之形象存在的，将现实与幻想两个世界进行了有效的联结。

</td>
</tr>
</table>

	4. 请指出本片令你印象最深刻的部分，说一说原因。（本部分由学生自由发挥，分享感受） 如：最令我印象深刻的是，飞行员爷爷住院，小女孩不顾一切飞奔过去找爷爷，体现出一种难以割舍的情感。 **三、影片延伸** 影片《小王子》在现实线中嵌套幻想线，采用“戏中戏”的模式构造全片。莎士比亚经常会运用“戏中戏”的方式结构作品，有利于吸引观众的兴趣、形成现实与虚拟之间的映射关系。在本片中，“戏中戏”的作用不仅仅是简单的映射，更起到推动戏剧情节发展的作用。
课后活动	总结课堂讨论内容，从影片的主题、呈现手法、导演意图等方面来具体分析这部电影。

活动课设计教案	
活动背景	根据电影《小王子》开展德育活动
活动主题	爱与成长
活动手段	“爱与成长”班级讨论会
活动目的	1. 从影片人物、影片主题、影片情节设计等多个角度展开讨论； 2. 引导学生深入探讨影片中爱与成长的主题。
活动对象	小学 4 ~ 6 年级
活动准备	电影《小王子》片段
活动过程	**一、导入** 同学们已经观看了电影《小王子》，本片有别于以往的《小王子》，并非是对原著的翻拍。剧本故事改编新颖，将“找回自我、保持童真”的主旨进行了通俗化的演绎，既传递出原著的精髓，又赋予了影片新的定义。影片由主人公小女孩与年老的飞行员之间的故事展开，并借老飞行员之口叙述出小王子的故事，影片制作创意令人惊叹，视听呈现灵动唯美，主题传达直抵心灵。我们将围绕电影人物的精神世界展开此次班级讨论活动。 **二、议题** 1. 电影到底想要表达什么？ 整部影片所传达的主旨是：“找回自我，保持童真”。借用电影中的一句台词就是：“真正的问题不在于长大，在于遗忘。” 你是否在成长的过程中遗忘了简单的快乐？ 你是否在长大的过程中遗落了本该属于你的童真？ 2. 在电影中你感受到了哪些爱？ 1）有妈妈对小姑娘的“关爱”； 2）有小姑娘与飞行员爷爷间互相陪伴之“友爱”； 

<table>
<tr>
<td>活动过程</td>
<td>

3）有小王子与玫瑰花的爱，与狐狸之间的情感羁绊。

可以是朋友之间的“友爱”，可以是爱人之间的“情爱”，也可以是对于理想与信念的“热爱”。

3. 看完电影你是否有所启发？

影片中有这么一句话，“真正重要的东西，用心灵才能看见”，发人深省。

可以这么理解：人生中最重要的东西是什么？有人回答是“善良”，不论我们处于怎样的环境，不论我们有怎样的信仰或追求，都要坚持做一个善良的人，眼睛容易被外表迷惑，而审视内心，回归内心，才能做出正确的取舍。

4. 分析电影的创作手法

1）从电影的叙事手法上来讲，故事剧本改编新颖，巧妙地将原著故事过渡到其中，略去了相对晦涩的推进线。同时，引入互为对比的现实世界，可以说是一种大胆的创新。

2）从视觉动画的角度看，电影使用定格动画和 CG 动画两种表现形式配合叙事，镜头转换处理得非常巧妙，为小王子的形象变化恰到好处地埋下了伏笔。小王子的两种不同形象使观众的视觉需求得到极大满足，令没有看过原著的人也能领略到原著中小王子的世界。片中有大量段落没有对白，仅靠画面叙事，每一段都非常精彩，看得出导演深谙默片的叙事技巧。整个故事三段式的结构非常明晰。
</td>
</tr>
</table>

活动过程	**三、活动形式** （1）全班分成若干小组； （2）各小组根据以上议题逐一展开讨论； （3）一组分享讨论内容，其余小组参与讨论； （4）全班总结讨论心得，并将优秀的分享内容形成文字留存。
活动总结与反思	通过这样一部创意与美感并存的电影，我们深刻感受到了想象的魅力，感受到了爱的力量。

专家点评

电影《小王子》运用“戏中戏”的方式，把《小王子》的童话故事融入影片情节中。小王子形象从 2D 到 3D 的转变唤起人们内心的童真与梦想。纸膜定格动画画面整体偏明亮，而小女孩进入童话世界找小王子时影调偏灰暗，隐晦地揭示了疲于奔命的成人世界的基调。

影片为原本的《小王子》童话增添了现实框架，与观众产生了良好地共振。影片一开头便是小女孩在妈妈的陪伴下参加入学考试，她们原本准备的问题是“你具备上沃斯学院的潜质吗”，但真正的考题却是“你长大后想做什么”，小女孩在回答问题的过程中心理防线崩溃，晕倒在地后被人用轮椅推了出去。小女孩的学习被精确到了每一秒钟，但她却不知道自己未来想要做什么，不知道自己的梦想是什么，引发观众深思，珍惜孩子的梦想，珍惜孩子的童年，在人生的旅程中，保留那份童真岁月里拥有的美好希望。

同时，《小王子》故事内核中关于玫瑰花和狐狸等角色的设置也直击观众柔软的内心。小王子一次次的浇灌、呵护与倾听让这朵玫瑰花变得无可替代，正如我们爱一个人时的悉心照料与宽容，哪怕有万千多长相一致的玫瑰花，它却是曾经陪伴过小王子、与小王子相互爱慕的独一无二的玫瑰花；狐狸让小王子懂得——驯服会带来情感的羁绊、彼此需要，当小王子要离开的时候，狐狸不禁流泪，它告诉小王子“只有用心去看，才能看得真切，重要的东西肉眼是看不见的”，唯有用心去接受。

第十节　至爱梵高·星空之谜

影视教育课程教案	
电影名称	《至爱梵高·星空之谜》
课程类型	影视整合课—赏析和德育
课程主题	价值理念：理想、友善 个性发展：理解、探究
教学手段	影片分析—思考讨论
课程目标	1. 通过影片了解梵高的精神世界，激发学生对“美”的理解与热爱； 2. 思考探究影片的内涵与主旨，提高鉴赏能力。
课程准备	观看《至爱梵高·星空之谜》
适用对象	初中 1 ~ 3 年级
影片介绍	画家梵高去世后一年，阿尔勒（法国南部一个城市，梵高割耳时居住的地方）的邮差、与其私交甚笃的约瑟夫·鲁林，从梵高的前房东手中得到一封梵高生前想要寄给弟弟提奥却没有送出的信。由于无法邮寄，他委托儿子阿尔芒完成这个任务，把梵高这“最后”一封信送到收信人提奥那里。但是，提奥已经去世，为寻找提奥遗孀的地址，阿尔芒来到梵高最后生活的离巴黎不太远的奥维尔小镇。他和与梵高接触过的居民们聊天，拼凑出梵高生前最后六个星期里的故事——有人认为梵高是自杀，而有人则认为他的死有疑点，这让阿尔芒决定

影片介绍	寻找梵高死亡的真相。在调查过程中，原本反感梵高的阿尔芒似乎渐渐理解了文森特・梵高——这个疯狂而痛苦的天才。
教学重点	分别从故事主旨、叙事手法、色彩画风、技术特效等方面入手，学习解读分析影片。
教学难点	剖析主题，理解影片内涵与导演处理手法。
教学步骤	**一、导入** 作为后印象派画家的代表人物，文森特・梵高是人们熟知的画家之一。他本人长期被忧郁症困扰，自残、自杀 ... 在普通人眼中，梵高的一生是那么的坎坷多难，那么真实的梵高是什么样呢? 说起梵高的悲剧的一生，可以用默默无闻一词来形容，37 岁逝世，快 30 岁才开始画画，主要创作生涯就是生命的最后 5 年。从学画之初，梵高关心的就不是把人体的比例和样子画得“正确”，而是最好与最快地抓住自己的感觉。他生前默默无闻，却在死后获得了艺术界授予的无上殊荣。 **二、影片回顾及分析** ➢ 全班以小组为单位，分析讨论以下问题。 1. 导演想通过电影向观众传达什么主旨? 故事主旨:“理解生命疾苦，致敬梵高”。 2. 电影通过怎样的手法来完成叙事? 影片采用插叙的方式进行讲述，利用一封未送出的信展开整个故事。现实世界中的彩色画面和人们回忆中的黑白画面交替出现，产生了强烈的对比。色调的差异一方面烘托了影片的整体氛围，另一方面又不断给之后的剧情埋下伏笔。即便是观众早已知道了结局，仍能感受到影像的独特质感。 影片以阿尔芒・鲁林的视角展开叙述，他是梵高的好朋友——邮差约瑟夫・鲁林之子。在梵高去世之后，他受到父亲的委托，需要把一封梵高生前写给弟弟提奥的书信亲手交给提奥。 其实历史上并没有阿尔芒“送信”一事，但在电影中，阿尔芒却透过生前与梵高有过接触的众人之口，为观众拼凑出一个完整的“梵高之死”。 看似是故事主角在送信路上展开对梵高真正死因的追查，实际上是透过旅途中碰到的与梵高接触过的人之口，用浓浓的笔墨描绘出一个心思单纯细腻、热爱生命，但不容于世的孤独的灵魂的故事。 3. 导演是如何呈现故事的? 影片整体色彩画风都高度贴合梵高的作品，先由真人演员在绿幕前拍摄，完成真人影片模板，再由画家根据影片进行动画绘制。整个电影前后一共绘制了 65000 幅画作，最后采用了其中的 100 幅用于配合电脑软件实现动态的画面演化。

教学步骤

从影片第一个镜头中的星空开始，梵高笔下的线条和浓烈的颜色就动了起来。而我们也许会有疑问，为什么在今天的科技之下，不能全部采用计算机完成制作呢？计算机究竟能不能代替人？影片之所以没有采用 CG 技术和 2D 动画等方式，是因为梵高的画风本身使得画面拥有了温度。

三、思考及讨论

1. 通过观影，梵高给你留下了怎样的印象？

参考角度：

影片中曾说道：“每个人都在关心他怎么死，为什么没有人关心他怎么生活？”

邮差约瑟夫·鲁林、巴黎画材店老板唐吉老爹、加歇医生、医生女儿玛格丽特、医生管家、客栈老板的女儿艾德琳、船夫，透过不同人的不同描述，大概可总结出以下对于梵高的印象。

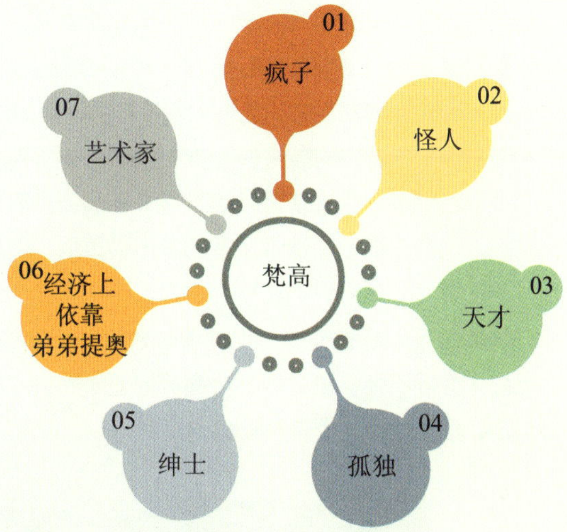

➢ 你又是如何看待梵高的呢？请说出你自己的看法。

2. 梵高信件的问世之由来

在影片中，“梵高”和“提奥”这两个名字不断出现，还有一个重要的人物不会被忽视，她就是提奥的妻子。

提奥的儿子在给母亲约翰娜·波尔严做传记时曾提到，梵高死后，那些“一文不值”的作品塞满屋子。多数人劝她处理掉，但是她没有这么做，而是开始整理梵高和提奥兄弟的信件，将信件重新编序，寻求出版。提奥的妻子约翰娜的日记中记录了她本人为这位当今举世闻名的画家不被埋没所做的事。

“今天有两个画家——Verkade and Serrurier。再次说法语感觉太好。他们觉得文森特的作品很美，听到这种赞美太不同寻常了。荷兰人不太欣赏他的作品。这让我想起了在巴黎的美好日子。”

教学步骤	“明晚有个文森特的画展。我有很高的期待。当我想到这种欣赏终于来到，就觉得是莫大的胜利。这感觉真美。我一定要去那里听听人们说什么，他们会有什么态度——那些曾经嘲笑文森特、拿他来作乐的人。” “孩子（她跟提奥的儿子）会判断他的母亲是什么样的人，想什么，感觉什么。他可以从她的日记，连同他父亲跟叔叔的书信，想象那是一种怎样的生活。” 提奥死后，她写道：“提奥病后，这些信就占据了我生活的大部分。在家里度过的第一个孤独夜晚（应该是指提奥死后的第一个夜晚），我就拿出这些信。我知道在里面，我可以重新找到他。悲痛日子的无尽夜晚里，这些是我仅有的安慰。我不是在寻找文森特，我是在找寻提奥。我在每个字里痛饮，我在每行间戳吮。不光用心去读，还用整个灵魂……我一读再读，直到看到文森特出现在我面前……我意识到这孤独艺术家的伟大和高贵。有时候这让我很伤心。我记得去年，文森特死那天……有风，下着雨，天很暗。屋子里到处有光，人们围着桌子。我觉得多么凄凉，第一次，我感受到了文森特那段时间感受的东西，当所有人都离他而去，当他觉得‘好像世上再没有我的地方’。我希望你能体会文森特对我产生的影响。是他让我重拾内心平静。” 约翰娜一生都在坚持给梵高办画展。尽管有人猛烈批评她，说她根本不懂画，说她在做一个她不了解的领域的事情。但她始终认为，梵高的作品太过超前于时代，注定只能在身后成名。而当看到约翰娜的日记后，我想：如果梵高的生命可以延长一些，也许就能等来一个“伯乐”。当然，这一切只是假设，如果梵高不死，提奥也不会痛苦地追随而去，约翰娜也不会因为思念而反复读信，最后理解这个伟大灵魂。  3. 观后感 参考感言： 电影画面以油画《星夜》为开始，以油画《罗纳河上的星夜》为结尾。电影里提到，梵高就像一颗冉冉升起的星星，晚期作品里明亮的星星也是他自己的精神追求。

<table>
<tr><td>教学步骤</td><td>梵高在世时曾说：
“当我画一个太阳，我希望人们感觉它在以惊人的速度旋转，正在发出骇人的光热巨浪。
“当我画一片麦田，我希望人们感觉到麦子正朝着它们最后的成熟和绽放努力。
“当我画一棵苹果树，我希望人们能感觉到苹果里面的果汁正把苹果皮撑开，果核中的种子正在为结出果实奋进。
“当我画一个男人，我就要画出他滔滔的一生。
如果生活中不再有某种无限的、深刻的、真实的东西，我不再眷恋人间……”
梵高的一生孤独而窘迫，经常食不果腹，走投无路。即便如此，他仍踌躇满志，希望有一天通过自己的努力回报弟弟对于自己的倾力资助。
影片以两封书信结尾，一封是梵高写给提奥的书信，记录了他作为一个艺术家旅程的起点；另一封则是提奥的遗孀寄给阿尔芒的感谢信，信中记录了梵高的一段对于死亡的独白。或许从这两封简单的书信中，我们可以窥到一部分梵高，他的乐观与迷茫、他的孤独和憧憬、他的渺小与伟大。
</td></tr>
<tr><td>课后活动</td><td>赏析梵高的艺术作品，尝试临摹。</td></tr>
</table>

专家点评

《至爱梵高·星空之谜》是全球首部油画风格动画长片，力图真实并形象地还原画家梵高生前最后的岁月，探究其难解的自杀之谜。影片让梵高画作中的人物开口说话，谈及他们对于梵高的印象，以拼贴的方式组合出一个艺术家生命最后的状态。其中有些讲述自相矛盾，使梵高的人生更加扑朔迷离。

梵高的一生是一个艺术家怀着无比热情探寻和表达美的一生，也是纯真而悲剧的一生。 这部电影用让作品自己发声的方式呈现了令人激动的视听奇观。电影从中表达了一种对于真、善和美的近乎偏执的追求，这种至高的精神追求固然像天上的星光和春天的花朵一样短暂易逝，但却是这个世界的灵魂。尽管梵高在众人眼里难以理解，近乎疯狂和偏执，但他却让世俗黯然失色，并启迪人们透过世间功利看到美的激情和力量。

就艺术风格而言，这部动画片让油画动了起来，并在绘制油画时采用了梵高特有的画风，故而电影可以被称作梵高式的油画动画。运用镜头的切换，将梵高看似不相关联的画作联系起来，生成艺术家人生最后的风景，也是艺术家绚烂至极的自我书写。

第十一节　奇迹男孩

影视教育课程教案	
电影名称	《奇迹男孩》
课程类型	影视整合课——德育
课程主题	友善、爱、成长
教学手段	背景分析—思考与讨论
课程目标	分析影片，理解内涵，培养学生的同理心和爱心
课程准备	观看《奇迹男孩》
适用对象	小学 3 ~ 6 年级
影片介绍	奥吉是一个 10 岁的男孩，除了总是头戴一个巨大的头盔外，他看似和其他的同龄孩子没什么不同。头盔下隐藏了奥吉因为各种手术而伤痕累累的脸庞，头盔不仅完美地保护了奥吉脆弱自卑的内心，也成功地防止了奥吉的模样吓到别的孩子。奥吉没有上学，他所有的知识都是母亲伊莎贝尔在家教授给他的。然而，伊莎贝尔渐渐感觉到，家庭课堂无法满足奥吉的成长需要，除了学习知识，奥吉还必须学会的是如何同除了家人以外的人交流。在忧虑重重之中，伊莎贝尔将奥吉送入了一所公立学校，在那里，奥吉面临的是他人生中必须要面对的挑战。
教学重点与难点	通过影片反映的社会现象，带领学生用批判的视角思考问题，自我反省。

<table>
<tr>
<td>教学步骤</td>
<td>

一、导入

一个戴头盔的男孩，一众善良、温暖人心的亲人与朋友，主人公奥吉尽管没有无瑕的容貌，却被善意拥抱，《奇迹男孩》就像是一部现代童话，带来温暖的同时，也牵动着我们的心。在感动之余，我们也应冷静下来，回到现实，面对实际的问题。

二、背景分析

1. 影片故事创作背景

《奇迹男孩》原著小说的作者 R. J. 帕拉西奥与两个儿子在冰淇淋店前曾遇到一个颜面伤残的小女孩。三岁的小儿子当场放声大哭！十岁的大儿子虽努力压抑仍难掩不适的表情。小女孩感到尴尬又抱歉，此时女孩的妈妈亲切镇定地告诉女孩该走了。

事后她不断想起这个触动她的妈妈与小女孩，设想她们在生活中面临的处境，于是写下了奥吉的故事。因此，我们才有幸看到了这样一部治愈人心的电影：男主角奥吉天生脸部畸形，因此承受了许多异样的目光，但在自己、家人、同学的帮助下，奥吉逐渐走出了阴霾，过上了普通人的生活，并且给大家带来了欢乐。

2. 生活中，你有遇到、看到、听到过类似的情况吗？（请同学们回顾自己的经历，谈一谈观影前后自己心态的变化或想法）如：

A 同学：小学五年级的时候，班上来了一个插班生，他五官精致，个子还很高，但是和普通人不一样，他有易怒症，偶尔还会癫痫发作。由于他的易怒症，全班都不敢靠近他，很多的同学都把他当作异类，甚至经常在背后嘲笑他。当时的我既没有加入那些嘲笑他的人的队伍，也没有伸出过“援手”，当时觉得还是不要招惹他为好，但现在看来，与电影中的同学相比，自己过于冷漠。

B 同学：我曾经有一个同学，她患有先天性的肾衰竭，经常会晕倒，或者脸色苍白，我们老师一再强调希望大家可以照顾她。她自己也很争气，成绩始终名列前茅，因此班里的同学和她相处时都是小心翼翼的，并没有排挤

</td>
</tr>
</table>

教学步骤	她，更多的是同情，但是这种小心翼翼、这种同情，现在想想与影片中男孩境遇也没有什么本质的区别。曾经不能理解，她自己那么虚弱，为什么总是会主动帮助别人，带头做好人好事，她的一举一动感染了全班大部分的同学，使我们都学着做起了好事。我们也应该学会理解别人、善待别人，对一个人的善意不应只是同情，这是这部电影告诉我的。 **三、思考与讨论** 1. 理解别人 参考观点：每个人都有不为人知的挣扎 影片中奥吉的校长说过这样一句话："每件事都有两种解释。" 比如：奥吉最喜欢的"太空帽"——对奥吉而言，它带来隔离异样眼光的安全世界；但对奥吉爸爸而言，它隔开了奥吉与这丰富美丽的世界。 在影片中我们看到自然轮替的镜头切换，为我们呈现了不同人物的不同视角。我们看到的不仅有奥吉的内心世界，同时也看到了奥吉姐姐—维娅、维娅闺蜜米兰达、奥吉好友杰克的内心活动。 视角的转换让观影者在观影过程中可以切换立场去思考问题，甚至不知不觉地将自己带入情境之中，与人物共同面对困境，感人物之所感。在这过程中，你会发现，自己有时是因与众不同被贴标签的奥吉，有时又是太懂事而被忽略的维娅，又有时会成为表里不一、口是心非的米兰达与杰克。 这世上最难以捉摸的是人心，没有人能了解另一个人的全部。但是，《奇迹男孩》的多重视角让我们更多地了解到每个角色的内心。导演如此的处理手法，旨在告诉我们：任何事物都不能光看表面，它强调了"每个人心里都有不为人知的挣扎"。 在多重视角的叙事下，影片中每个人物都是主角，也都是配角。每个人的存在都有其独到之处，在一件事情中事物的好与坏也不是绝对的。有时候我们应适当放下自己，才能看见比表面所见更重要的东西。也许每个人心中那些不为人知的挣扎永远不会被看见，但至少我们可以给予别人自由挣扎的空间。善待他人，虽是老生常谈，却依旧是人生在世得以让彼此活得更好、更简单的方式。 观影后不禁问自己，人与人之间什么是最好的陪伴？最好的陪伴，未必是无话不谈、形影不离，而是能够站在对方的立场思考问题，是能够给予对方想要的时间与空间，是当对方需要的时候，回头看你始终都在…… 2. 建立同理心 电影中与我更有共鸣的角色其实是奥吉懂事的姐姐——维娅。 自奥吉出生之后，她便习惯父母将全部的目光投向弟弟，心有余力之际才能看见她。虽然维娅的校园生活不像奥吉那般困难重重，但她也有成长过程中难以释怀的少女心事，大多却只能独自承受。

<table>
<tr>
<td>教学步骤</td>
<td>
无法摆脱社会异样眼光的奥吉，却始终被父母全心守护着；而所有人眼中比弟弟幸运的维娅，却仿佛一个人孤单地长大。然而，体贴懂事不代表不需要关爱，只是不愿造成别人的负担。无法说出的委屈总是让人倍感孤单。当维娅的外婆告诉她：“这世上我最爱你！”，我们不禁为她庆幸，世上还是有人能懂她的委屈与孤独的。
反观生活中的我们与他人的关系，就好比奥吉与维娅。有些人永远是引人注目的焦点，就像奥吉；有些人永远是聆听者，就像维娅。许多人都有这样的朋友，聊天时的主题总离不开自己，直到终于聊尽，才想到要询问下对方的近况。有些人一天能发数条朋友圈，期盼别人评论点赞，却从不看别人发些什么。
在这个强调自我的时代，人的自我更容易被无限放大。无论我们是奥吉还是维娅，每个人的感受都同样重要，也理应得到同等的尊重。
导演采用的是多重视角的叙事手法，为我们呈现了不同人物的心理活动，给观众传递了更贴近生活的真实感，使得剧情、人物的刻画都更加全面、饱满。
比如电影开头，杰克对奥吉的友好，如果单从奥吉的视角看，我们无疑会认为杰克真是善良的天使，无来由地就对奥吉伸出了“援手”，但通过奥吉的视角，我们才发现原来他这么做完全是出于对校长和妈妈指示的顺从执行，所幸在之后的相处中，杰克发自内心地接受了奥吉，但这样的处理，不但没有让我们讨厌杰克，反倒让我们也站在了杰克的立场上从始至终地感受了一遍他的心路历程。
再比如从维娅视角看，她发现好闺蜜米兰达对自己变得冷漠了，误以为她不喜欢自己了；可通过米兰达的视角我们才发现，事实上米兰达之所以变冷漠是由于在夏令营期间自己假装成维娅，她担心自己的行为被揭露，又对维娅充满内疚与自责。
试想在生活中，我们也多多少少经历着类似的场景，但就因为这样的先入为主所产生的误会也导致了一些友谊、爱情、亲情的丢失。一叶障目，不见泰山。主观、狭隘、不全面的想法，很多时候并不是好事，它会带来负能量，会影响我们的心情，从而影响到我们的生活，还会产生误解，伤害别人。
维娅以为闺蜜不喜欢自己了，奥吉以为莎莫是听了校长的指示才对自己好……这些说好听点是误解，说难听点就是自以为是，对自己的想法深信不疑，最后伤人伤己。明明莎莫是真的很友好，奥吉却以为她是惺惺作态，既影响自己的心情，又伤了莎莫的心。这何尝不是一种偏见呢?
歧视，是指人对人就某个缺陷、缺点、能力、出身以不平等的眼光对待，使之造成不同程度的损失。而上面所说的“有局限性的认知”，同样是以错误的眼光看待别人。这和“因为奥吉的外貌而厌恶他”都是只看到了表面，没看到另一面，本质上也是偏见。
</td>
</tr>
</table>

教学步骤	3. 解决问题 影片中，人们和奥吉接触久了之后，发现他其实有一颗善良的心，从而和他交朋友。而奥吉在和莎莫沟通的过程中，发现她的确没有受到校长的指示；随着时间的推移，维娅和米兰达也终于冰释前嫌，重归于好。这样温馨治愈的画面并不常常发生在生活中，现实更多的还是就此错过，或者因此误会而斩断了彼此的羁绊。 以貌取人，以及主观判断都是偏见，而解除偏见的办法就是换个角度看待问题，花时间精力去感受对方的内心，发现对方的优点。正如奥吉在最后的演讲中说的：要想真正了解一个人，就要用心、全面地去看待对方，也就是所谓的要有“同理心”。 还有一种方法，就是教育。朱利安是最没礼貌的，但他也曾经和奥吉聊《星球大战》聊得热火朝天，说明他并非十足的坏孩子。在电影的后半段，朱利安的妈妈出言不逊、咄咄逼人，朱利安却对校长道歉，才让我们明白朱利安本性不坏，问题是出在家长身上，是妈妈的教育让他变成了这样。相比之下杰克的妈妈，教育杰克要好好对待奥吉，尽管中途伤害了奥吉，最后他也改正了错误。可见家庭教育对于孩子成长的重要性。 孩子就像干净的白纸，父母可以随意在上面添加东西，可以是善意，也可以是暴力。
课后活动	开展“假如我是奥吉”的主题演讲活动，让学生通过日常案例查询、资料收集形成演讲内容，阐述如何建立自信乐观的心态，如何让身边人认识真实的我。通过此次活动，建立学生的同理心以及正确认知事情的能力。

专家点评

为什么说影片中的小男孩奥吉是一个“奇迹男孩”？

先天的脸部畸形不仅给奥吉的生活带来了很多烦恼，同时也极大地影响了他的自信心。“奇迹”（wonder）有三重内涵。首先，它是一种应对意外的勇气。对于长期生活在家庭的温馨和关爱之中的奥吉来说，勇敢地迈出家门前往公立学校上学，就是一件让所有人（包括他自己）都意想不到的事情。他需要面对异样的眼光和陌生的挑战，他的勇气、毅力和乐观让“灰色的惊吓”变成了“彩色的惊喜”。其次，奇迹也指一种让人敬佩的善良品格。影片中的许多角色都各自面对生活和成长中的烦恼，奥吉的父母不仅要鼓励奥吉努力适应独立生活，更重要的是，他们要彼此鼓励对方适应奥吉不在身旁的生活；姐姐维娅和她的闺蜜米兰达要学会认识并接受那个不完美但很真实的

图 1　奥吉戴着头盔出行

图 2　奥吉融入集体

自己；奥吉的同学们要学会如何发自内心地摒除偏见，学会严以律己，宽以待人；家长和老师们也要反思当前的教育是否能培养孩子们最宝贵的同理心和善良品格。最后，奇迹还是一种化平凡为非凡的能力。课堂学习、户外活动和家庭教育是陪伴奥吉成长的主要环境，在看似普通的学校和家庭学习中，化繁为简和学以致用既是奥吉保持优秀成绩的秘诀，也是他培养信心和化解危机的智慧。影片不仅是关于奇迹男孩奥吉的成长故事，更是每一位见证他成长的人的奇迹经历。

后 记

周星教授领衔的北京师范大学中国艺术教育研究中心科研团队与人民网·人民数据人民德育数据中心通力合作，共同完善了课程教案设计，以确保教学内容符合德育原则；在“专家点评”版块，邀请学术经验丰富的高校教师、青年学者等参与写作，以保证影片分析的准确性和专业性。

本书写作未尽完善，北京师范大学中国艺术教育研究中心与人民网·人民数据人民德育数据中心将不断结合最新研究成果对本书内容进行修订。感谢北京师范大学出版社的编辑对本书编写的鼓励和支持。希望中小学影视欣赏课程真正成为德育教育的重要抓手，助力新时代青少年健康成长。

“专家点评”版块具体写作分工如下：

《鸦片战争》董阳（西安外国语大学讲师）

《鸡毛信》张黎歆（北京师范大学戏剧与影视学博士生）

《智取威虎山》姜丹（北京师范大学戏剧与影视学博士生，博纳影业集团项目经理）

《国歌》李侃（浙江师范大学文化创意与传播学院讲师）

《建国大业》姜丹（北京师范大学戏剧与影视学博士生，博纳影业集团项目经理）

《唐山大地震》周艳（北京师范大学戏剧与影视学博士生）

《离开雷锋的日子》董阳（西安外国语大学讲师）

《杨善洲》雷雷（北京师范大学戏剧与影视学博士生）

《厉害了，我的国》张黎歆（北京师范大学戏剧与影视学博士生）

《念书的孩子》章文哲（福建师范大学传播学院讲师，北京师范大学艺术学博士）

《破门》李侃（浙江师范大学文化创意与传播学院讲师）

《美丽童年》张黎歆（北京师范大学戏剧与影视学博士生）

《小小代校长》蔡东亮（福建师范大学戏剧与影视学博士生）

《旋风女队》李侃（浙江师范大学文化创意与传播学院讲师）

《我和我的伙伴》蔡东亮（福建师范大学戏剧与影视学博士生）

《指尖太阳》章文哲（福建师范大学传播学院讲师，北京师范大学艺术学博士）

《一个都不能少》周艳（北京师范大学戏剧与影视学博士生）

《孙子从美国来》姜丹（北京师范大学戏剧与影视学博士生，博纳影业集团项目经理）

《包裹》蔡东亮（福建师范大学戏剧与影视学博士生）

《那山　那人　那狗》董阳（西安外国语大学讲师）

《宇宙与人》章文哲（福建师范大学传播学院讲师，北京师范大学艺术学博士）

《天赐》李侃（浙江师范大学文化创意与传播学院讲师）

《小蝌蚪找妈妈》周艳（北京师范大学戏剧与影视学博士生）

《妈妈咪鸭》雷雷（北京师范大学戏剧与影视学博士生）

《宝莲灯》雷雷（北京师范大学戏剧与影视学博士生）

《邋遢大王奇遇记》张黎歆（北京师范大学戏剧与影视学博士生）

《藏獒多吉》蔡东亮（福建师范大学戏剧与影视学博士生）

《哪吒闹海》张萌（北京师范大学戏剧与影视学硕士生）

《哪吒之魔童降世》姜丹（北京师范大学戏剧与影视学博士生，博纳影业集团项目经理）

《大鱼海棠》董阳（西安外国语大学讲师）

《小王子》雷雷（北京师范大学戏剧与影视学博士生）

《至爱梵高·星空之谜》周艳（北京师范大学戏剧与影视学博士生）

《奇迹男孩》章文哲（福建师范大学传播学院讲师，北京师范大学艺术学博士）